Förderausgabe

Doppel-Klick

7

Das Arbeitsheft

- für erhöhten Förderbedarf

Erarbeitet von
Werner Bentin, Marion Böhme, Dorothee Braun, Heike Huck,
Martina Kolbe-Schwettmann, Martina König, Michaela Krauß,
Michael Mumm, Jutta Peckmann, Rosa Regenscheit,
Miriam Wiedner

[redacted]

Cornelsen

Grammatik

Das kann ich!

Wissenswertes auf einen Blick

findest du auf den Umschlagseiten vorn und hinten in diesem Arbeitsheft.

Texte lesen und verstehen

Der Textknacker

**In dem Sachtext auf Seite 5 und 6 geht es um elektronische Medien.
Der Textknacker hilft dir, den Sachtext zu lesen und zu verstehen.**

1. Schritt: Vor dem Lesen

1 a. Sieh dir die Bilder auf Seite 5 und 6 an.
b. Worum könnte es in dem Sachtext gehen?
Schreibe deine Vermutungen auf.

In dem Text geht es vermutlich um

2 a. Lies die Überschrift:
Elektronische Medien – wie wichtig sind sie für Jugendliche?
b. Was könnte in dem Sachtext stehen?
Schreibe deine Vermutungen auf.

2. Schritt: Das erste Lesen

3 a. Zähle die Absätze vom Sachtext. Nummeriere sie.
b. Lies die hervorgehobenen Schlüsselwörter.
c. Überprüfe deine Vermutung von Aufgabe 1 b.
Schreibe auf, worum es in dem Text geht.

3. Schritt: Den Text genau lesen

4 Lies den ganzen Text – Absatz für Absatz.

Elektronische Medien – wie wichtig sind sie für Jugendliche?

☐ *Wissenschaftler befragen Jugendliche*

Das Fernsehgerät, das Radio, das Internet, das Handy, der MP3-Player und der CD-Player sind elektronische Medien[1]. Die meisten Jugendlichen nutzen sie regelmäßig. Zu welcher Tageszeit wird aber welches Medium besonders häufig verwendet? Um das herauszufinden, haben Wissenschaftler etwa 1200 Jugendliche im Alter von 13 bis 19 Jahre befragt. Das Ergebnis war: Alle Medien sind für die Jugendlichen wichtig. Ein Medium nutzen sie lieber morgens, ein anderes lieber abends. Wie sich das im Tagesverlauf verändert, kannst du jetzt selbst lesen.

[1] **die Medien:** Die Medien sind Mittel, mit denen man Informationen, Texte, Nachrichten, Musik oder Bilder verbreiten kann.

☐ ______________________________

Morgens vor der Schule hören die meisten Jugendlichen gern Musik. Das Radio läuft besonders häufig, nämlich bei 50 % der Jugendlichen. Das ist die Hälfte der Befragten. Handys spielen mit nur 26 % kaum eine Rolle. Noch weniger Jugendliche schauen morgens Sendungen im Fernsehen an. Es sind nur 9 %. Welche Medien werden wohl auf dem Schulweg oder auf dem Weg zur Arbeit bevorzugt? Diese Frage kannst du dir sicher selbst beantworten.

☐ ______________________________

Vormittags nutzen die Jugendlichen kaum Medien. Dann sind sie in der Schule oder bei der Arbeit. Dort müssen sie sich konzentrieren. Deswegen können sie keine Medien nutzen.

Nachmittags beim Lernen ändert sich das. Dann ist wieder Musik aus dem Radio wichtig. Der Fernseher ist nicht so wichtig. Das Handy ist zu dieser Zeit am unwichtigsten.

Wann spielt das Fernsehen die wichtigste Rolle? Na klar: abends. Etwa 25 % der Jugendlichen sehen abends fern, vor allem beim Abendessen. Das ist ein Viertel. Später am Abend sind auch Handy und MP3-Player gefragt. Es hören zu dieser Zeit fast 30 % der Jugendlichen Musik aus dem MP3-Player.

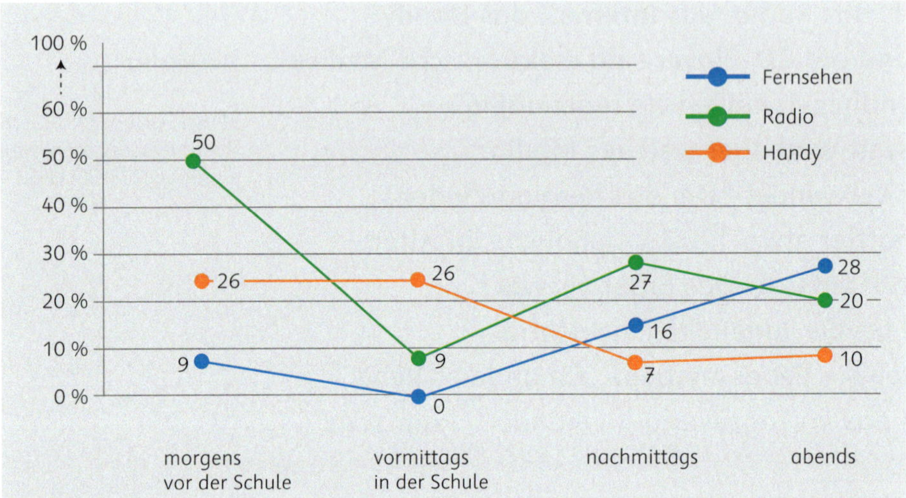

Wie wichtig sind welche elektronischen Medien zu den verschiedenen Tageszeiten?

Der Sachtext besteht aus 5 Absätzen.
Was in einem Absatz steht, gehört inhaltlich zusammen.

5 a. Finde für jeden Absatz eine passende Zwischenüberschrift.
Tipp: Die Schlüsselwörter und Wortgruppen helfen dir.
b. Schreibe die Überschriften auf die Linien über den Absätzen.

››› Bevorzugte Medien morgens, ~~Wissenschaftler befragen Jugendliche~~, Wichtige Medien vormittags, Beliebte Medien nachmittags, Gefragte Medien abends

Ein Wort wird neben dem Sachtext erklärt.

6 a. Suche das Wort im Sachtext auf Seite 5.
Schreibe es auf.
b. Lies die Erklärung zu dem Wort. Schreibe sie dazu.

Zum Sachtext gehört eine Grafik. Sie erklärt Textstellen genauer.

7 a. Sieh dir die Grafik auf Seite 6 an.
Lies auch die Bildunterschrift.
b. Beantworte die folgenden Fragen:
- Worum geht es in der Grafik?
- Um wen geht es in der Grafik?
- Welche Medien werden in der Grafik genannt?
- Was bedeuten die verschiedenen Linien in der Grafik?

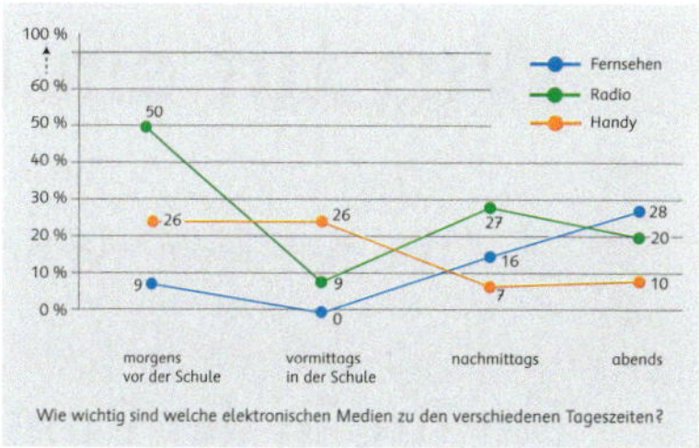

Wie wichtig sind welche elektronischen Medien zu den verschiedenen Tageszeiten?

Jn der Grafik geht es um

8 Wie wichtig sind die elektronischen Medien nachmittags?
Zu manchen Textstellen findest du in der Grafik genauere Angaben.

a. Lies noch einmal Absatz 4 auf Seite 6.
b. Ergänze in der Tabelle die Angaben aus dem Text.
c. Sieh dir die Grafik auf Seite 6 an.
d. Wie viel Prozent der Jugendlichen nutzen die drei Medien nachmittags?
Trage in die Tabelle ein.
e. Vergleiche die Angaben. Welche sind genauer?
Überlege mit einem Partner.

das Medium	die Antworten aus dem Text	die Antworten aus der Grafik
Fernseher	nicht so wichtig	16 Prozent
Radio		
Handy	am unwichtigsten	

4. Schritt: Nach dem Lesen

9 Welche Informationen findest du besonders interessant?
Schreibe es auf.

Jch finde

→ Das kann ich! Seite 80

Tätigkeiten beschreiben

Was tut ein Baumschulgärtner?

1 Lies den Text. Wende die Schritte vom Textknacker an.

→ Textknacker: Umschlag vorn

Ein Tag in der Baumschule

Paul begleitet seinen Onkel zur Arbeit in der Baumschule. Onkel Jens und seine Kollegen kümmern sich um die große Anbaufläche der Baumschule. „Wir pflanzen Bäume, Sträucher und Obstgehölze[1] und pflegen sie", erklärt Onkel Jens. „Manche Pflanzen können wir schon nach zwei Jahren verkaufen. Große Alleebäume[2] müssen wir über zwanzig Jahre lang in der Baumschule großziehen."

Zuerst muss Onkel Jens die Pflanzen auf den großen Feldern bewässern. Dafür muss er das Bewässerungs-System einschalten. So bekommen alle Pflanzen ausreichend Wasser. Onkel Jens und seine Kollegen müssen heute auch Bäume schneiden. Dafür kürzen sie die Seitentriebe[3] der Bäume mit Baumscheren. Nach dem Schneiden verschulen sie die Bäume, das heißt, sie verpflanzen die Bäume an eine andere Stelle. Das ist wichtig, damit die Bäume gut wachsen.

[1] **die Obstgehölze:** die Obstbäume und Obststräucher

[2] **die Alleebäume:** an beiden Straßenseiten gepflanzte Bäume

[3] **die Seitentriebe:** die seitlich wachsenden Teile einer Pflanze

Paul erfährt von seinem Onkel, was ein Baumschulgärtner tut.

2 Ergänze die passende Verbform.

Ein Baumschulgärtner *kümmert sich* um die große Anbaufläche einer Baumschule. Er ____________ ____________ Bäume, Sträucher und Obstgehölze.

Mit einem Bewässerungssystems ____________ er die Pflanzen. Mit einer Baumschere ____________ er die Seitentriebe der Bäume. So ____________ er die Bäume.

Damit die Bäume gut wachsen, muss er sie ____________.

››› bewässert
pflanzt und pflegt
~~kümmert sich~~
schneidet
verschulen
kürzt

Paul sieht genau zu, was die Baumschulgärtner noch machen.

3 Welche Tätigkeiten zeigen die Bilder?

a. Verbinde die Bilder mit den passenden Tätigkeiten.
b. Beschreibe die Tätigkeiten in ganzen Sätzen.
Tipp: Die Satzanfänge unten helfen dir.

1

pflanzt die Jungpflanzen in Töpfe um

2

sät mit der Sämaschine die Samen aus

3

lockert mit der Hackmaschine den Boden

1 Ein Baumschulgärtner ____________________

____

2 Eine Baumschulgärtnerin ____________________

____

3 Ein anderer Baumschulgärtner ____________________

____

Paul möchte wissen, was Onkel Jens an seiner Arbeit gefällt und was nicht.

4 Lies, was Onkel Jens sagt.

„Ich bin gern Baumschulgärtner, weil ich fast den ganzen Tag draußen sein kann. So sehe ich, wie sich die Natur im Laufe der Jahreszeiten verändert. Nur bei großer Hitze arbeite ich nicht so gern. Das ist anstrengend. Wir Baumschulgärtner müssen auch oft schwer heben, das ist ein Nachteil. Davon kann man Rückenprobleme bekommen. Doch zum Glück gibt es viele moderne Maschinen, die die Arbeit erleichtern. Aber auf einer Hebebühne wie dieser arbeite ich ungern. Da steht man nur herum. Sehr zufrieden bin ich mit meiner Arbeitskleidung, denn sie ist praktisch und bequem."

5 Was gefällt Onkel Jens an seiner Arbeit und was nicht?

a. Lies noch einmal, was Onkel Jens sagt.
b. Markiere im Text:
 - grün, was ihm gefällt,
 - rot, was ihm nicht gefällt.
c. Wie begründet er, was ihm gefällt?
 Wie begründet er, was ihm nicht gefällt?
 Markiere in derselben Farbe.
d. Fülle die Tabelle mit Stichworten aus.

Was gefällt Onkel Jens?	die Begründung
den ganzen Tag draußen sein	sehen, wie sich die Natur verändert

Was gefällt ihm nicht?	die Begründung
bei großer Hitze	

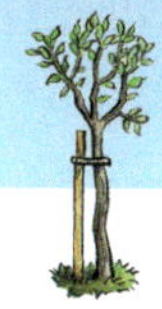

Paul möchte später vielleicht auch Baumschulgärtner werden.

6 Lies die Stärken von Paul. Welche sind für den Beruf von einem Baumschulgärtner besonders wichtig? Kreuze an.

Paul ist gern an der frischen Luft. ☐

Er kennt sich mit Hunden gut aus. ☐

Paul ist gut im Kraftsport. ☐

Er interessiert sich für Technik und Maschinen. ☐

Welche Stärken braucht ein Baumschulgärtner oder eine Baumschulgärtnerin noch, damit die Tätigkeiten leichtfallen.

7 Ergänze die Sätze.

Ein Baumschulgärtner sollte handwerklich geschickt sein, weil er die Maschinen ______________________ muss.

Eine gute Beobachtungsgabe hilft, Schädlinge an einer Pflanze schnell zu ____________.

Ein Baumschulgärtner sollte gut mit Menschen umgehen können, denn er arbeitet mit Kollegen zusammen und ______________________.

Er oder sie braucht ein gutes Gedächnis, um sich ____________ ______________________ ____________ zu können.

››› berät die Kunden
bedienen und warten
die vielen Informationen über Pflanzen merken
erkennen

8 Was gefällt dir am Beruf des Baumschulgärtners? Und was gefällt dir nicht? Begründe.

Mir gefällt: ______________________

____

Mir gefällt nicht: ______________________

____

→ Das kann ich! Seite 81

Einen Vorgang beschreiben

Ein Vorderrad ausbauen

Daniel macht ein Praktikum bei einem Fahrradmechaniker[1]. In seinem Praktikumsbericht beschreibt Daniel den Vorgang. Er beschreibt, wie man bei Fahrrädern das Vorderrad ausbaut.

[1] der Fahrradmechaniker: repariert Fahrräder

1. Schritt: Vor dem Schreiben

→ Schreibprofi: Umschlag vorn

Damit andere den Vorgang nachmachen können, muss man den Vorgang in der richtigen Reihenfolge beschreiben.

1 Nummeriere die Arbeitsschritte in der richtigen Reihenfolge.

- [ ] das Rad aus der Gabel heben
- [1] das Fahrrad verkehrt herum stellen
- [ ] die Schraubenmuttern lösen
- [ ] die Bremse öffnen

2 Verdeutliche die Reihenfolge durch einen passenden Satzanfang.

Zuerst stellt man das Fahrrad verkehrt herum.

________ öffnet man die Bremse.

________ löst man die Schraubenmuttern.

________ hebt man das Rad aus der Gabel.

››› Dann …
~~Zuerst~~ …
Zum Schluss …
Danach …

Einen Vorgang muss man genau beschreiben.

3 a. Sieh dir die Bilder an.
b. Was genau muss man machen?
Markiere die richtigen Informationen.

Man stellt das Fahrrad verkehrt herum
- auf den Sattel und den Lenker.
- auf den Ständer.

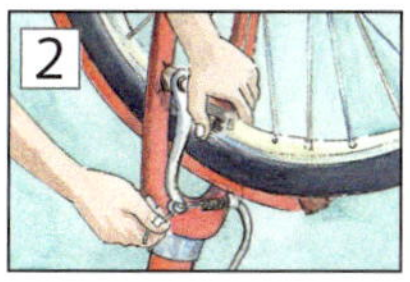

Man öffnet die Bremse
- mit einer Zange.
- mit den Händen.

Man löst die Schraubenmuttern
- mit einem Hammer.
- mit einem Schraubenschlüssel.

Man hebt das Rad
- nach oben aus der Gabel.
- nach unten aus der Gabel.

2. Schritt: Beim Schreiben

→ Schreibprofi: Umschlag vorn

4 Beschreibe den Vorgang.
- Beschreibe genau, was man machen muss.
- Verdeutliche die Reihenfolge durch passende Satzanfänge.

Zuerst stellt man das Fahrrad verkehrt herum auf den Sattel und den Lenker.

______ öffnet man ______

______ löst man ______

______

______ hebt man ______

3. Schritt: Nach dem Schreiben

5 a. Kann ein anderer aus der Klasse deine Beschreibung lesen und verstehen?
b. Überarbeite deine Vorgangsbeschreibung.

6 Schreibe deine überarbeitete Vorgangsbeschreibung in dein Heft.

Den Schlauch aus dem Reifen holen

Daniel will auch beschreiben, wie man den Schlauch aus dem Reifen holt.

1. Schritt: Vor dem Schreiben

→ Schreibprofi: Umschlag vorn

Damit andere den Vorgang nachmachen können, muss man den Vorgang in der richtigen Reihenfolge beschreiben.

1 Nummeriere die Arbeitsschritte in der richtigen Reihenfolge.

- [ ] den zweiten Reifenheber an der Felge entlangziehen
- [ ] den Schlauch rausziehen
- [ ] das Ventil aus der Felge drücken
- [1] einen Reifenheber zwischen Felge und Reifen schieben
- [ ] den Reifen über die Felge hebeln

2 Formuliere die Arbeitsschritte in ganzen Sätzen.
Verdeutliche die Reihenfolge durch einen passenden Satzanfang.

Zuerst schiebt man *einen Reifenheber zwischen Felge und Reifen.*

_______ hebelt man _______

_______ zieht man _______

____

_______ drückt man _______

_______ zieht man _______ raus.

››› Dann …
~~Zuerst~~ …
Anschließend …
Danach …
Zuletzt …

Einen Vorgang muss man genau beschreiben.

3 a. Sieh dir die Bilder auf Seite 14 noch einmal an.
b. Was genau muss man machen?
Markiere die richtigen Informationen.

Man schiebt den Reifenheber gegenüber vom Ventil / neben dem Ventil zwischen Felge und Reifen.

Man hebelt den Reifen mit dem Hammer / mit dem Reifenheber über die Felge.

Man zieht den zweiten Reifenheber an der Felge entlang zur Mitte. / rund ums Rad.

Man drückt das Ventil durch ein Loch / hinter einer Beule aus der Felge.

Man zieht den Schlauch aus dem Ventil. / aus dem Reifen.

2. Schritt: Beim Schreiben

→ Schreibprofi: Umschlag vorn

4 Beschreibe den Vorgang.
- Beschreibe genau, was man machen muss.
- Verdeutliche die Reihenfolge durch passende Satzanfänge.

Zuerst schiebt man den Reifenheber gegenüber vom Ventil zwischen Felge und Reifen.

3. Schritt: Nach dem Schreiben

5 a. Kann ein anderer aus der Klasse deine Beschreibung lesen und verstehen?
b. Überarbeite deine Vorgangsbeschreibung.

6 Schreibe deine überarbeitete Vorgangsbeschreibung in dein Heft.

→ Das kann ich! Seite 82

Stellung nehmen

Ein Kiosk für die Schule?

Die Klassensprecherinnen und Klassensprecher der Gartenschule sprechen darüber, ob es einen Schulkiosk geben soll.

Richard: „Ich finde einen Schulkiosk gut, weil sich jeder etwas zum Essen und zum Trinken kaufen kann."

Lena: „Ich finde einen Schulkiosk nicht gut, weil nicht alle Schüler Geld zum Einkaufen haben."

Evelina: „Ich bin für einen Schulkiosk, weil dann keiner mehr den Schulhof zum Einkaufen verlassen muss."

Jonas: „Ich finde den Vorschlag nicht gut, weil man sich beim Verkauf streiten kann."

Erkan: „Ich finde die Idee echt cool, weil man so viele Leute kennen lernen kann."

Sonja: „Ja, ich bin auch für einen Schulkiosk, denn wir können damit etwas Geld für die Schule verdienen."

Natalie: „Ich bin nicht dafür, denn in den Pausen bleibt dann weniger Zeit für die Freunde."

Kevin: „Ich bin auch gegen einen Schulkiosk, weil das viel Arbeit ist."

1 Worüber sprechen die Klassensprecherinnen und Klassensprecher?

Die Klassensprecherinnen und Klassensprecher haben unterschiedliche Meinungen.

2 Wer ist **für** einen Schulkiosk?
Markiere die Namen grün.

3 Wer ist **gegen** einen Schulkiosk?
Markiere die Namen rot.

Die Klassensprecherinnen und Klassensprecher sagen ihre Meinung. Sie begründen auch ihre Meinung.

4 Welche Gründe nennen die Klassensprecher **für** einen Schulkiosk?
Welche Gründe nennen sie **dagegen**?
Schreibe in ganzen Sätzen auf.

Gründe dafür:

Jeder kann sich etwas zum Essen und zum Trinken kaufen.

Gründe dagegen:

Nicht alle Schüler haben das Geld zum Einkaufen.

5 Welche Meinung hast du?
Schreibe auf. Begründe.

**Die Klassensprecherinnen und Klassensprecher haben abgestimmt:
Sie wollen einen Schulkiosk einrichten.
Die Schulleiterin hat Bedenken. Sie nennt ihre Gründe.**

6 Lies, was die Schulleiterin sagt.

„Ihr habt keine Zeit für einen Kiosk,
weil ihr eure Hausaufgaben nicht mehr schafft."

„Der Verkauf am Kiosk ist anstrengend,
weil ihr euch in der Pause nicht erholt."

„Es wird schwierig, weil euch der Überblick
über die zu erledigenden Aufgaben fehlt."

7 Was können die Klassensprecherinnen und Klassensprecher antworten?

a. Wähle aus.
„Wir kennen alle Aufgaben, weil wir uns einen Arbeitsplan machen."
„Wir können uns in der Pause erholen, weil wir uns
mit dem Verkauf abwechseln."
„Wir schaffen unsere Hausaufgaben, weil wir uns die Arbeit teilen."

b. Schreibe die passenden Antworten auf die Linien.

8 Wird die Schulleiterin dem Schulkiosk zustimmen oder nicht?
Schreibe deine Vermutung auf. Begründe sie.

Die Schulleiterin hat dem Schulkiosk zugestimmt.
Die Klassensprecherinnen und Klassensprecher überlegen als Nächstes, was sie am Kiosk verkaufen. Sie sammeln Ideen.

frisches Obst | Saft | Schokoriegel | belegte Brötchen | selbst gebackener Kuchen | Kaugummi | Kakao

9 Welche Ideen findest du gut? Welche findest du nicht gut?
- Schreibe deine Meinung auf.
- Begründe deine Meinung.

Ich finde den Verkauf von Saft nicht gut, weil wir dann schwere Kisten tragen müssen.

››› Ich bin für …
Ich finde es gut, …
Ich finde den Vorschlag gut, …
Ich bin gegen …
Ich finde es nicht gut, …

täglich frisch einkaufen, gesund, viel Arbeit, teuer, mögen viele Schüler, muss gekühlt werden …

→ Das kann ich! Seite 83

Inhalte zusammenfassen

Das Fernsehen

Der Sachtext von Robert Schwarz informiert über das Fernsehen und die Fernsehsendungen.

1 Lies den Text. Wende die Schritte vom Textknacker an.

➜ Textknacker: Umschlag vorn

Verschiedene Fernsehsendungen Robert Schwarz

Wer seinen Fernsehapparat nutzt, will sich informieren, bilden oder unterhalten. Man kann auch die Sendungen danach unterscheiden, ob sie informieren, bilden oder unterhalten.

Die Nachrichtensendungen informieren zum Beispiel darüber, was in einem Land oder in der Welt passiert. Zu den Bildungssendungen zählen zum Beispiel Doku-Sendungen oder Ratgebersendungen. Von den Unterhaltungssendungen gibt es sehr viele verschiedene. Dazu gehören zum Beispiel Spielfilme oder Serien.

Im Fernsehen gibt es auch viele längere Werbesendungen oder kurze Werbespots. Für die Werbung ist das Fernsehen sehr wichtig, denn dadurch werden viele Menschen erreicht.

Du kannst den Text zusammenfassen, dann kannst du andere kurz darüber informieren.

Zuerst nennst du die Überschrift und den Autor. Du schreibst auch, was für ein Text das ist.

2 Wie heißt die Überschrift von dem Text?

____

Wer ist der Autor von dem Text?

____

Was für ein Text ist das?
Lies noch einmal den ersten Satz der Seite.

____

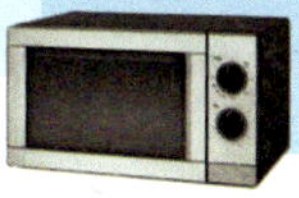

Dann schreibst du, worum es in dem Text geht.
Du nennst das Thema.

3 Was ist das Thema von dem Text?
Worüber informiert der Text?

Der Text informiert über ____________________

____

____

Du schreibst nur die wichtigsten Informationen auf.
Dabei helfen dir die Schlüsselwörter im Text.

4 Finde im Sachtext auf Seite 20 die wichtigsten Informationen.

Es gibt Sendungen, die ____________________

____

____

____

››› informieren,
bilden oder unterhalten

viele Werbesendungen

werden viele Menschen erreicht

Nun kannst du den Text schriftlich zusammenfassen.

5 Ergänze die Sätze.
Verwende deine Ergebnisse von Aufgabe 2 bis 4.

Der Text *Verschiedene Fernsehsendungen*

von *Robert Schwarz* ist ein ____________.

Der Sachtext informiert darüber, welche ____________

es im Fernsehen gibt.

Es gibt Sendungen, die ____________,

____________ oder ____________.

Es gibt auch viele ____________.

Durch das Fernsehen ____________

____________.

Der Mikrowellenherd

Der Sachtext von Lena Kurz informiert über den Mikrowellenherd.

Warmes Essen durch Wellen Lena Kurz

→ Textknacker: Umschlag vorn

Der erste Mikrowellenherd kam 1947 auf den Markt. Dieses erste Modell war riesig: Es war etwa 1,80 m hoch, also so groß wie ein erwachsener Mann. Das Modell war sehr schwer. Es wog so viel wie 4 erwachsene Männer, nämlich etwa 340 kg. Der Mikrowellenherd war sehr teuer. Ein Mikrowellenherd kostete so viel wie heute 10 Mikrowellenherde. Aber der Mikrowellenherd wurde weiterentwickelt. Etwa 20 Jahre später war der Mikrowellenherd so klein, leicht und billig, dass immer mehr Menschen sich einen Mikrowellenherd kaufen konnten.

Wie wird unser Essen im Mikrowellenherd warm? In einem Mikrowellenherd gibt es ein Magnetron. Es erzeugt Mikrowellen. Die Mikrowellen breiten sich im Mikrowellenherd aus. Die Mikrowellen treffen auf das Essen. In unserem Essen ist Wasser. Die Mikrowellen bringen das Wasser im Essen zum Schwingen. Kleine Teile im Wasser bewegen sich und reiben aneinander. Durch diese Bewegung wird das Wasser und damit auch das Essen warm.

Informiere andere kurz über den Mikrowellenherd.

Zuerst nennst du die Überschrift und die Autorin.
Du schreibst auch, was für ein Text das ist.

1 Wie heißt die Überschrift von dem Text?

Wer ist die Autorin von dem Text?

Was für ein Text ist das? Lies noch einmal den ersten Satz der Seite.

Du schreibst, worum es in dem Text geht.
Du nennst das Thema.

2 Was ist das Thema von dem Text?
Worüber informiert der Text?

____

____

Du schreibst nur die wichtigsten Informationen auf.
Dabei helfen dir die Schlüsselwörter im Text.

3 Schreibe aus jedem Abschnitt die Schlüsselwörter auf.

der Mikrowellenherd, ______________________________________

____

____

____

____

Nun kannst du den Text schriftlich zusammenfassen.

4 Ergänze die Sätze.
Verwende deine Ergebnisse von Aufgabe 1 bis 3.

Der Text Warmes Essen durch Wellen

von ____________ ist ein ____________.

Der Sachtext informiert über ____________.

Zuerst war der Mikrowellenherd ____________, ____________ und ____________.

Heute ist der Mikrowellenherd ____________, ____________ und ____________.

Im Mikrowellenherd gibt es ein Magnetron, das die ____________ erzeugt.

Wenn die Mikrowellen auf das Essen treffen,

bringen sie das Wasser im Essen ____________.

Das Wasser und damit das Essen wird ____________.

Einen Text überarbeiten

Die Klassenfahrt zum Silbersee

Für die Bearbeitung von diesem Kapitel brauchst du eine Partnerin/einen Partner.

1 Suche dir eine Partnerin/einen Partner.

Samira hat für die Schülerzeitung einen Bericht über ihre Klassenfahrt geschrieben.

2 Jeder liest den Bericht **Unsere Klassenfahrt zum Silbersee** allein.

Die Klassenfahrt zum Silbersee

Achtung: Fehler!

Wir machten eine Klassenfahrt an den Silbersee. ~~wir~~ Wir bezogen am ersten Tag unsere Betten wir waren vor dem Essen im See schwimmen wir grillten am Abend am See wir machten am zweiten Tag eine Wanderung wir paddelten am dritten Tag auf dem See mit Kanus wir planten für die Nacht eine Wanderung durch den Wald wir besuchten am vierten Tag die Burg am See wir waren am Nachmittag schwimmen wir fuhren am fünften Tag nach Hause die Klassenfahrt war sehr schön

Samira hat beim Schreiben zwei Dinge nicht beachtet. Sie möchte ihren Bericht überarbeiten.

3 a. In dem Bericht fehlen die Satzzeichen am Satzende. Ergänze sie.
b. Den Satzanfang schreibt man groß.
- Streiche die Wörter am Satzanfang durch.
- Schreibe sie richtig über die Zeile.

- die Satzzeichen ergänzen
- den Satzanfang großschreiben

4 a. Lest euch gegenseitig den Bericht vor. Macht nach jedem Satz eine deutliche Pause.
b. Vergleicht eure Überarbeitungen.

Samira möchte anschaulich schreiben.

5 Ergänzt passende Adjektive. Sie machen den Text anschaulich.
Tipp: Es gibt mehrere Möglichkeiten.

- Adjektive verwenden

Wir waren vor dem Essen im See schwimmen.

Das Wasser war ______________________.

Wir machten am zweiten Tag eine Wanderung.

Unsere Wanderung war ______________________.

Für die Nacht planten wir eine Wanderung durch den Wald.

Im Wald war es ______________________.

Der Weg war ______________________.

Am vierten Tag besuchten wir die Burg am See.

Die Burg war ______________________.

››› klar, eiskalt, warm, anstrengend, weit, dunkel, unheimlich, steinig, schmal, steil, groß, alt …

Samira möchte, dass ihr Bericht lebendig ist.

6 Stellt die Satzglieder um.
Achtet auf unterschiedliche Satzanfänge.
Denkt daran: Am Satzanfang schreiben wir immer groß.

- Satzglieder umstellen

wir | bezogen | am ersten Tag | unsere Betten

Am ersten Tag bezogen wir unsere Betten.

wir | grillten | am Abend | am See

______________ *grillten wir* ______________

wir | paddelten | am dritten Tag | auf dem See | mit Kanus

______________ *paddelten wir* ______________

wir | besuchten | am vierten Tag | die Burg | am See

______________ *besuchten wir* ______________

wir | fuhren | am fünften Tag | nach Hause

______________ *fuhren wir* ______________

Die Klassenfahrt an die Nordsee

Luca hat auch einen Bericht über seine Klassenfahrt geschrieben.

1 Überarbeite den Bericht von Luca:
- Ergänze die Satzzeichen am Satzende.
- Schreibe die Satzanfänge groß.
- Ergänze Adjektive zu den hervorgehobenen Nomen.
- Stelle die Satzglieder um.
- Schreibe den überarbeiteten Bericht auf.

die Klassenfahrt:
langweilig, lustig, aufregend, ...

››› der Strand:
steinig, nass, ...

das Essen:
scharf, gesund, ...

Die Klassenfahrt an die Nordsee

1 wir machten eine Klassenfahrt an die Nordsee wir bezogen
2 am ersten Tag unsere Betten wir planten vor dem Essen
3 einen Spaziergang an den Strand wir kochten am Abend
4 gemeinsam ein Essen

Achtung: Fehler!

2 a. Tausche dein Arbeitsheft mit deiner Partnerin/deinem Partner.
b. Kreuze für deinen Partner an, wie er/sie den Text bearbeitet hat.
c. Schreibe auf, worauf deine Partnerin/dein Partner achten sollte.

So hast du den Text bearbeitet:	☺ ja, immer	😐 nicht immer	☹ nein, nie	Darauf solltest du achten:
die Punkte gesetzt				
die Satzanfänge großgeschrieben				
anschauliche Adjektive verwendet				
unterschiedliche Satzanfänge verwendet				

3 Werte deine Tabelle aus: Worauf solltest du mehr achten?

So geht der Bericht von Luca weiter.

4 Überarbeite auch diesen Teil vom Bericht.
Denke dabei an das Ergebnis von Aufgabe 3.

Achtung: Fehler!

wir machten am zweiten Tag eine Wanderung zum Leuchtturm wir fuhren am dritten Tag mit dem Schiff zu den Seehunden wir badeten am Nachmittag in der Nordsee wir besichtigten am vierten Tag den Hafen am fünften Tag fuhren wir wieder nach Hause

5 a. Tausche dein Arbeitsheft mit deiner Partnerin/deinem Partner.
b. Kreuze für deinen Partner an, wie er/sie den Text bearbeitet hat.
c. Schreibe auf, worin sich deine Partnerin/dein Partner verbessert hat.

So hast du den Text bearbeitet:	☺ ja, immer	😐 nicht immer	☹ nein, nie	Darauf solltest du achten:
die Punkte gesetzt				
die Satzanfänge großgeschrieben				
anschauliche Adjektive verwendet				
unterschiedliche Satzanfänge verwendet				

6 Werte deine Tabelle aus: Worin hast du dich verbessert?

Balladen lesen und verstehen

Sturmflut

Ein Mensch erlebt eine Sturmflut an drei verschiedenen Orten: im Fernsehsessel, in seiner Fantasie und in der Wirklichkeit.

1. Schritt: Vor dem Lesen

→ Textknacker: Umschlag vorn

1 Wovon handelt die Ballade?

a. Sieh dir die Überschrift und die Bilder an.
b. Schreibe einen Satz auf.

2. Schritt: Das erste Lesen

2 a. Zähle die Strophen auf der Seite 29. Nummeriere sie.
b. Lies die hervorgehobenen Schlüsselwörter.

3. Schritt: Das genaue Lesen

3 a. Lies die Ballade – Strophe für Strophe.
b. Beantworte danach die Frage 4.

Die Hauptperson in der Ballade erlebt dreimal eine Sturmflut.

4 Wie erlebt die Hauptperson die Sturmflut jeweils?

a. Zu jeder Strophe passt ein Satz.
Schreibe die Nummer der passenden Strophe vor den Satz.
b. Schreibe die Sätze in der richtigen Reihenfolge auf.

☐ Dann erlebt die Hauptperson eine Sturmflut in der Fantasie.

☐ Schließlich beobachtet die Hauptperson draußen eine Sturmflut.

☐ Am Anfang sieht die Hauptperson eine Sturmflut im Fernsehen.

Sturmflut Achim Reichel

Sturmflut – Sturmflut

Aber du sitzt zu Haus in deinem Lieblingssessel
Und denkst, was für'n gemütlicher Abend
Machst die Vorhänge zu
Nimmst das Fernsehprogramm
Und knipst den Kasten an
Da gibt's 'ne Sondersendung
Da bist du live dabei
Wenn der Deich[1] bricht
Du machst dir grad 'n Bier auf
Und nimmst 'n tiefen Schluck
Da siehst du, wie der Vorhang sich bewegt.

Sturmflut – Sturmflut

Plötzlich hörst du ein Heulen
Dann ein Krachen und ein Klirren
Und alles fängt sich an zu drehen
Da fliegt die Zeitung, die Lampe,
Der Teppich, die Vase
Das ganze Zimmer hebt ab
Du stehst mitten im Orkan[2]
Dein Fisch im Aquarium hüpft schon vor Freude
Einen Augenblick später
Hast du 'n paar Bretter und
Nagelst das Leck[3] dicht

Sturmflut – Sturmflut

Es wird jetzt langsam wieder ruhiger
Und du schaust aus dem Fenster raus
Hier hat sich so einiges verändert
Dein Auto vor der Tür ist nicht mehr da
Das Nachbarhaus ist nicht mehr da
Alles, was du siehst, ist – Wasser
Nix als Wasser.

[1] **der Deich:** eine Schutzanlage, die tiefer liegendes Land vor Überflutung schützt
[2] **der Orkan:** ein Wind mit höchster Geschwindigkeit
[3] **das Leck:** das Loch

Die Ballade Sturmflut hat 3 Strophen.

5 Was passiert in den einzelnen Strophen?

a. Lies die Fragen zu den einzelnen Strophen.
b. Unterstreiche die Antworten in der Ballade.
c. Schreibe die Antworten in ganzen Sätzen auf.

1. Strophe: Wie beginnt der Abend im Fernsehsessel?

Die Hauptperson sitzt gemütlich im Lieblingssessel.
Sie schaltet den Fernseher an. Im Fernsehen läuft

››› die Sondersendung,
der Deich bricht,
das Bier,
der Vorhang

2. Strophe: Was passiert plötzlich in der Fantasie?

Plötzlich hört die Hauptperson Geräusche.
Auf einmal dreht sich alles.

››› das Zimmer hebt ab,
mittendrin im Orkan,
der Fisch im Aquarium,
das Leck dichtnageln

3. Strophe: Was passiert draußen in Wirklichkeit?

Dann wird es ruhiger. Die Hauptperson schaut

››› aus dem Fenster schauen,
das Auto,
das Nachbarhaus,
das Wasser

Wie könnte sich die Hauptperson in der Ballade fühlen? Stelle dir vor, du bist die Hauptperson und du antwortest auf die Fragen.

6 a. Lies die Fragen.
b. Schreibe die Antworten auf. Schreibe ganze Sätze.
Tipp: Sieh dir noch einmal die Bilder an.

Wie fühlst du dich in deinem Fernsehsessel?

Wie fühlst du dich mitten im Orkan?

Wie fühlst du dich, als es ruhiger wird?

Die Hauptperson wird nicht beschrieben.

7 Wie stellst du dir die Hauptperson vor?
Beschreibe die Hauptperson. Schreibe ganze Sätze.

››› eine Frau, ein Mann
alt, jung, groß, klein …

In der Ballade geschehen manche Dinge in der Wirklichkeit und manche in der Fantasie.

8 Was passiert in der Wirklichkeit und was in der Fantasie?

a. Lies die Sätze.
b. Ordne die Sätze zu.

Die Hauptperson nimmt das Fernsehprogramm.

Die Hauptperson knipst den Kasten an.

Und alles fängt sich an zu drehen.

Das ganze Zimmer hebt ab.

Das Auto vor der Tür ist nicht mehr da.

Das Nachbarhaus ist nicht mehr da.

Das passiert in der Wirklichkeit:

Das passiert in der Fantasie:

9 Welche Aussage passt am besten zu der Ballade?

a. Kreuze an.
b. Begründe deine Entscheidung.

Im Fernsehsessel ist man am sichersten. ☐

In der Fantasie gibt es keine Grenzen. ☐

Eine Katastrophe verändert alles. ☐

Ich finde, dass

**Eine Sturmflut ist ein dramatisches Geschehen.
Dramatisch bedeutet ernst, aber auch spannend.**

10 Welche Strophe beschreibt die Sturmflut für dich am spannendsten?
Begründe deine Meinung.

11 Welche Merkmale einer Ballade treffen hier zu?

a. Kreuze die beiden Merkmale an, die hier zutreffen.

Eine Ballade ist ein besonderes Gedicht, meist mit mehreren Strophen. ☐

In einer Ballade gibt es oft wörtliche Rede. ☐

In einer Ballade geht es oft um ein dramatisches Geschehen. ☐

b. Vergleiche die Lösung mit einem Partner.
Begründe deine Auswahl.

4. Schritt: Nach dem Lesen

→ Textknacker:
Umschlag vorn

Du kannst nun den Inhalt der Ballade kurz zusammenfassen.

12 Beantworte die folgenden Fragen in Stichworten:
- Was möchte die Hauptperson am Abend machen?
- Wie fühlt sich die Hauptperson?
- Was passiert plötzlich?
- Was passiert, als es langsam ruhiger wird?

Verwende deine Ergebnisse von Aufgabe 4 bis 7.

· *sich einen gemütlichen Fernsehabend machen*

13 Schreibe die Zusammenfassung in dein Heft.

Zu Texten schreiben

Mehr als ein Spiel

In diesem Kapitel lernst du vier Auszüge aus dem Jugendbuch Mehr als ein Spiel kennen.

Frieda hat ohne Erlaubnis das Fernglas von ihrem Bruder genommen.

››› 3. Schritt: Den Text genau lesen
der ganze Text

Mehr als ein Spiel nach Sigrid Zeevaert

Schnell lief Frieda die Treppe hinunter auf die Straße. Sie hielt sich das Fernglas vor die Augen. Alles war auf einmal ganz nah, zum Beispiel der Park. „Suchst du etwas?", fragte plötzlich jemand hinter Frieda. Erschrocken drehte sie sich um. Ein Junge mit Kappe stand da und grinste. „Nein", sagte Frieda schnell. „Ich gucke nur so." „Ist das dein Fernglas?", fragte der Junge. „Sozusagen." „Nicht schlecht", murmelte er, „zeig mal!" Frieda gab ihm das Fernglas. Der Junge sah hindurch, pfiff durch die Zähne und sagte: „Würdest du es mir für eine halbe Stunde leihen? Du kriegst es auch wieder zurück." Er hob feierlich die Hand. „Ich halte, was ich verspreche." Frieda zögerte. „Nein, das geht nicht, weil …" Sie stockte. „Wozu brauchst du es denn?" „Das kann ich dir nicht sagen. Das ist geheim." Frieda biss sich auf die Lippe. „Also gut", sagte sie. „Für eine halbe Stunde leihe ich es dir. Aber keine Sekunde länger." Der Junge nahm das Fernglas. „Übrigens, ich heiße Tom", sagte er. „Und du?"

1 In diesem Auszug lernst du zwei Jugendliche kennen: Frieda und Tom.

a. Markiere im Text, was du über sie erfährst.
b. Schreibe es auf.

Frieda: ______________________

Tom: ______________________

Nachdem Tom Frieda das Fernglas pünktlich zurückgebracht hatte, gab Frieda ihm das Fernglas für einen weiteren Tag.

››› 2. Schritt:
Das erste Lesen
die Schlüsselwörter

Längst war zwei Uhr vorbei. Frieda stand immer noch da und konnte es nicht glauben: Tom war nicht gekommen. Er brachte das Fernglas diesmal nicht zurück, obwohl er es versprochen hatte. Hatte er sie angelogen? Die Gedanken schossen Frieda nur so durch den Kopf. Frieda ging über die Straße und in den Park. Plötzlich blieb sie stehen. Schon von weitem erkannte sie Tom. Er saß auf einem Fahrrad und redete mit zwei Jungen. Frieda bekam weiche Knie. Doch sie nahm allen Mut zusammen und ging zu Tom hinüber. „Wo ist mein Fernglas?", fragte sie. Tom sah sie an und zuckte mit den Schultern. Er tat, als hätte er von einem Fernglas noch nie etwas gehört. „Keine Ahnung, was die meint", sagte er und grinste die beiden Jungen an. „Aber ich habe es dir doch gestern geliehen!" Frieda wurde wütend. Tom verzog keine Miene. Einer der beiden Jungen sagte: „Hau ab! Du störst." Der andere Junge machte einen Schritt auf sie zu. Schnell drehte sich Frieda um und ging. Sie hörte den Jungen noch rufen: „Sei demnächst lieber vorsichtiger – und steck deine Nase nicht in Sachen, die dich nichts angehen! Das könnte wehtun, verstanden?"

2 a. Markiere im Text, was du über Tom noch erfährst.
b. Schreibe es auf.

Tom: ______________________________

____

3 Was ist richtig? Was ist falsch? Kreuze an.

	richtig	falsch
Tom brachte das Fernglas am zweiten Tag zurück.		
Tom redete mit zwei Jungen.		
Tom tat, als hätte er noch nie von einem Fernglas gehört.		
Frieda war glücklich, Tom zu sehen.		
Die zwei Jungen bedrohten Frieda.		

Am nächsten Morgen suchte Frieda Tom im Park.
Aber Tom war nicht dort.

››› 2. Schritt:
Das erste Lesen
die Absätze

Am Nachmittag hängte Frieda den ersten Zettel an einem Baum auf. Darauf stand: „Ich suche Tom, weil er mir noch etwas schuldet. Wer mir weiterhilft, bekommt eine Belohnung. Bitte melde dich bei: Frieda Voss, Telefon 6 98 52."

Wieder zu Hause, ging Frieda vor dem Telefon auf und ab. Aber es blieb still. Schließlich verließ sie der Mut. Plötzlich klingelte das Telefon. Mit klopfendem Herzen meldete sich Frieda. „Hier ist Tom." „Tom?", fragte sie ungläubig. „Ja, ich bin's", sagte er. „Wahrscheinlich glaubst du mir nicht mehr. Aber ich sage dir jetzt die Wahrheit. Ich musste vor Benno und Sven so tun, als wäre mir dein Fernglas egal. Aber das stimmt nicht. Ich werde es zurückholen. Das verspreche ich!" „Wieso zurückholen?", fragte Frieda. „Das kann ich dir jetzt nicht erklären. Aber ich bringe dir das Fernglas zurück." Bevor Frieda etwas sagen konnte, hatte Tom aufgelegt.

Am nächsten Morgen klingelte das Telefon erneut. Frieda rannte hin. „Hallo!", sagte eine Stimme. Diesmal war es nicht Tom. „Ich habe deinen Zettel gelesen. Misch dich nicht in Sachen ein, die dich nichts angehen. Tom schuldet dir gar nichts. Ist das klar?" Frieda schluckte. Sie sagte nichts.

4 a. Welche Idee hatte Frieda?

b. Wer meldete sich bei Frieda, nachdem sie den Zettel aufgehängt hatte?

5 Wer Frieda weiterhilft, bekommt eine Belohnung. Was könnte das sein?

Nach der Schule ging Frieda allein nach Hause.

››› 1. Schritt: Vor dem Lesen die Bilder

Plötzlich sah Frieda zwei Jungen am Ende der Straße. Es waren Benno und Sven. Die Namen hatte Tom ihr am Telefon genannt. Schnell wechselte sie die Straßenseite. Doch Benno und Sven liefen hinter ihr her. Frieda bekam weiche Knie. „Guck mal, Benno!", rief Sven. „Da ist ja die Kleine, die sich immer in Sachen einmischt, die sie nichts angehen." „Genau", stimmte Benno zu. „Und dann behauptet sie auch noch, alle möglichen Ferngläser gehörten ihr!" Die beiden holten sie ein. Zum Wegrennen war es zu spät. Benno packte Frieda am Arm. Sven fasste sie am Kinn an. „Hast du Geld dabei?", fragte er. „Nein, ich …" Frieda schnappte nach Luft. „Das heißt, ja." „Dann her damit, aber schnell!" Frieda zog zwei Euro aus ihrer Hosentasche. „Ist das alles?", fragte Benno. Sie nickte. „Beim nächsten Mal reicht das aber nicht." Benno griff noch mal kurz fest zu. „Ich warne dich", sagte Sven, „wehe, wenn du uns verrätst!" Dann rannten sie weg.

6 a. Wer bedrohte Frieda?

b. Was forderten die beiden Jungen von Frieda?

7 a. Wähle einen der folgenden Aufträge aus.
b. Bearbeite ihn mit dem Schreibprofi. Schreibe in dein Heft.

→ Schreibprofi: Umschlag vorn

A Stell dir vor, Tom hat den Vorfall beobachtet. Er spricht danach mit Sven und Benno. Schreibe auf, wie das Gespräch verlaufen könnte.

B Stell dir vor, Frieda berichtet ihren Eltern von dem Vorfall. Schreibe auf, was Frieda berichten könnte.

C Wie hätte Frieda anders reagieren können? Und wer hätte ihr helfen können? Schreibe diesen Auszug der Geschichte um.

→ Das kann ich! Seite 84

Dein Rechtschreib-Check

Mitsprechwörter: Wörter mit Doppelkonsonanten

Doppelkonsonanten können wir hörbar machen, wenn wir die Wörter Silbe für Silbe sprechen und klatschen. Diese Wörter sind Mitsprechwörter.

Die Insel

1 Elias und Jonas / zelten / am Wasser. / Sie sehen eine Insel. /
2 Elias fragt: / „Jonas, / wollen wir um die Wette / zu der Insel
3 schwimmen?" / Jonas antwortet: / „Nein, / das ist mir
4 zu weit. / Wir können / ein Kanu mieten." /

! In der Wörterliste stehen die Nomen mit ihren Artikeln.

1 Wo zelten Elias und Jonas? Schreibe einen Satz.

2 Im Text findest du 5 Mitsprechwörter mit Doppelkonsonanten.

››› ss, ll, tt, mm, nn

a. Markiere die Wörter.
b. Sprich in Silben und klatsche die Wörter.

3 a. Schreibe die markierten Wörter aus dem Text ab.
Ergänze bei den Nomen die passenden Artikel.
b. Male einen Bogen unter jede Silbe.
Benutze den Wortprofi für **Mitsprechwörter**.

→ Mitsprechwörter abschreiben: Umschlag hinten

Wörter mit **ss**: das Wasser,

Wörter mit **ll**:

Wörter mit **tt**:

Wörter mit **mm**:

Wörter mit **nn**:

4 Ergänze 3 weitere Wörter mit **ss**, **ll**, **tt**, **mm** und **nn**.

→ Wörterliste: Seite 92–95

5 Schreibe den Text **Die Insel** in dein Heft ab.

→ Satzprofi: Umschlag hinten

Nach einem kurzen Vokal stehen oft 2 gleiche Konsonanten.
Wir nennen sie **Doppelkonsonanten**: wir füllen.

6 Sprich dir die Wörter vor. Achte auf die blauen Vokale: Tippe beim kurzen Vokal einen Punkt in die Luft.

wir füllen   wir können   der Sommer   die Tasse   die Kette

Hier gehören immer 3 Wörter zusammen.

7 a. Finde die Wörter, die zusammengehören.
b. Markiere sie in einer Farbe.

wir füllen	er rennt	die Hoffnung
wir schwimmen	er stellt	das Rennrad
wir gewinnen	er füllt	die Schwimmweste
wir hoffen	er schwimmt	der Gewinner
wir stellen	er hofft	der Stellplatz
wir rennen	er gewinnt	die Füllung

Wörter, die zusammengehören, werden oft gleich geschrieben.

8 a. Schreibe die Wörter, die zusammengehören, nebeneinander auf.
b. Kennzeichne die kurzen Vokale mit einem Punkt.

wir füllen - er füllt - die Füllung

9 a. Bilde 4 Sätze mit den Wörtern aus Aufgabe 8.
b. Schreibe die Sätze auf.

Nachdenkwörter: Wörter mit b/d/g am Ende

Wörter mit b, d oder g am Ende sind Nachdenkwörter.
Du hörst nicht, wie du sie schreiben musst.
Verlängere die Wörter, dann hörst du es.

Der Wolf

1 Der Wolf ist verwandt mit dem Hun■.
2 Wölfe sind sehr selten.
3 Am Ta■ versteckt sich der Wolf meistens im Wal■.
4 Manchmal entdeckt man einen Wolf auf dem Fel■.

››› b? d? g?

Checkpunkt: b, d oder g am Wortende

Im Text fehlt bei manchen Nomen der letzte Buchstabe.
Du musst nachdenken, wie die Nomen geschrieben werden.

1 Wie musst du die Nomen am Ende schreiben?
Verlängere die Nomen: Bilde dazu die Mehrzahl.
Trage dann den Buchstaben bei der Einzahl ein.

der Wal□ → ____________ das Fel□ → ____________

2 Verlängere auch diese Nomen: Bilde dazu die Mehrzahl.

der Aben□ → ____________ der Freun□ → ____________

der We□ → ____________ der Ber□ → ____________

das Sie□ → ____________ der Die□ → ____________

Auch bei manchen Adjektiven musst du nachdenken,
wie sie geschrieben werden.

wil■, wüten■, lie■, hal■, frem■, run■, klu■, gel■

››› b? d? g?

3 Wie musst du die Adjektive am Ende schreiben?
Verlängere die Adjektive: Bilde dazu Wortgruppen mit Nomen.
Schreibe sie in dein Heft.

››› der Wolf, der Mann, der Ball, das Kind, die Nacht, die Welt …

➡ der wilde Mann → wild

So geht der Text über den Wolf weiter:

Der Wolf le□t in einer Höhle. Das Weibchen trä□t die jungen Wölfe etwa 65 Tage bis zur Geburt im Bauch. Nach der Geburt blei□t der junge Wolf zuerst in der Höhle. Später verlässt er die Höhle und fol□t seinen Eltern nach draußen.

››› b? d? g?

Bei manchen Verben musst du nachdenken, wie sie geschrieben werden.

4 Wie musst du die Verben schreiben? Bilde von den Verben die Grundform (Infinitiv). Trage dann den fehlenden Buchstaben ein.

g oder k?	sie trä[g]t	→ tragen	er fol□t	→ ______
b oder p?	er le□t	→ ______	er blei□t	→ ______

5 Bilde auch von diesen Verben die Grundform (Infinitiv). Trage dann den fehlenden Buchstaben ein.

g oder k?	er sa[g]t	→ sagen	er fra□t	→ ______
	er le□t	→ ______	er lie□t	→ ______
b oder p?	er kle□t	→ ______	er glau□t	→ ______
	er schie□t	→ ______	er rei□t	→ ______

6 Wähle 6 Sätze aus dem Text aus. Schreibe die Sätze auf.

Mit Wörterreihen üben

Wörterreihen mit Verben

Wenn wir Verben in das Präteritum oder in das Perfekt setzen, ändert sich bei manchen Verben auch der Vokal:
ich treffe – ich traf – ich habe getroffen.

Diese Verben kannst du als Wörterreihe aufschreiben und üben.

Arbeitstechnik

So schreibe ich eine Wörterreihe auf:

- **Ich lese** die Wörterreihe.
- **Ich wiederhole** die Wörterreihe **im Kopf**.
- Ich decke die Wörterreihe zu.
- **Ich schreibe** die Wörterreihe auswendig auf.
- **Ich vergleiche.**
- **Ich verbessere.**

1 a. Lies, wie du eine Wörterreihe aufschreibst.
b. Schreibe die Wörterreihen auswendig auf und verbessere Fehler.

ich werfe – ich warf – ich habe geworfen

ich nehme – ich nahm – ich habe genommen

ich helfe – ich half – ich habe geholfen

2 a. Lies die Wörterreihen.
b. Schreibe die Wörterreihen auswendig auf und verbessere Fehler.

ich finde – ich fand – ich habe gefunden

ich trinke – ich trank – ich habe getrunken

ich singe – ich sang – ich habe gesungen

Verwende nun die Verben aus den Wörterreihen in Sätzen.

Jugendliche der Klasse 7 erzählen von ihren Tätigkeiten.
Mit Verben aus den Wörterreihen kannst du die Sätze ergänzen.

Wanda erzählt, was sie vor der Schule alles macht.

3 Ergänze passende Verben im Präsens.

„Wenn ich unter der Dusche stehe, singe ich ein Lied.

Ich __________ meiner Mutter in der Küche.

Ich __________ zum Frühstück eine Tasse Tee."

Theo schreibt auf, was während der Klassenfahrt passierte.

4 Ergänze passende Verben im Präteritum.

Ich nahm jeden Morgen ein kühles Bad im See.

Beim Basketballspiel __________ ich den entscheidenden Korb.

Ich __________ das Essen abends super.

Auf der Abschlussfeier __________ ich drei Flaschen Limonade.

Nina erzählt, was sie am letzten Wochenende gemacht hat.

5 Ergänze passende Verben im Perfekt.

„Vormittags __________ ich mit meiner Freundin gesungen.

Nach dem Mittagessen __________ ich meiner Schwester

beim Aufräumen __________.

Dann __________ ich alte Kleidung in den Kleidercontainer

__________."

→ Das kann ich! Seite 85

Nomen großschreiben

Nomen mit -heit

Max liest einen Text über die Eisberge.

Die Eisberge

1 Eisberge schwimmen im Meer.
2 Sie werden wegen ihrer Schönheit oft bewundert.
3 Eisberge sind aber auch gefährlich:
4 Der größte Teil schwimmt unsichtbar im Wasser.
5 Man kann den Eisberg bei Dunkelheit nicht sehen
6 und fährt leicht mit einem Schiff dagegen.
7 Die Sicherheit steht bei einer Fahrt
8 durch das Eismeer an oberster Stelle.

1 Was steht bei einer Fahrt durch das Eismeer an oberster Stelle?
Schreibe den Satz ab.

Wörter mit **-heit** sind Nomen.
Nomen schreiben wir immer **groß**.

Im Text findest du 3 Nomen mit -heit.

2 a. Markiere die Nomen mit **-heit** im Text.
b. Schreibe die Nomen mit Artikeln auf.
c. Markiere alle **-heit**.

die

3 a. Bilde Nomen mit **-heit**.
Verwende den richtigen Artikel.
b. Markiere alle **-heit**.

frei – *die Freiheit* ______ wahr – ______ krank – ______

4 Bilde Sätze mit den Nomen aus Aufgabe 3.
Schreibe sie in dein Heft.

Nomen mit -ung

Ein Traum

Max schläft beim Lesen ein und träumt. In seinem Traum ist er ein Kapitän. Er will im Eismeer Eisberge beobachten. Trotz großer Erfahrung spürt Max Aufregung. Max weiß, dass die Beobachtung von Eisbergen gefährlich ist. Denn den größten Teil von einem Eisberg kann er nicht sehen.

1 Was ist gefährlich?
Schreibe einen Satz.

____

> Wörter mit **-ung** sind Nomen.
> **Nomen** schreiben wir immer **groß**.

Im Text findest du 3 Nomen mit -ung.

2 a. Markiere die Nomen mit **-ung** im Text.
b. Schreibe die Nomen mit Artikeln auf.
c. Markiere alle **-ung**.

die ____________________

3 a. Bilde Nomen mit **-ung**.
Streiche dazu bei den Verben **-en**.
b. Markiere alle **-ung**.

rechn~~en~~ – die Rechnung | kreuzen – ____________
anleiten – ____________ | bewerben – ____________
retten – ____________ | ausstellen – ____________

4 Bilde Sätze mit den Nomen aus Aufgabe 3.
Schreibe sie in dein Heft.

→ Das kann ich! Seite 86

Aus Verben werden Nomen

In der Jugendherberge

Die Jugendlichen der Klasse 8 übernachten bei ihrer Klassenfahrt in einer Jugendherberge. Bei der Ankunft gibt der Herbergsvater Hinweise: „Die Fläche vor dem Haus ist für das Fahren mit Inlinern gut geeignet. Auf der Wiese ist das Spielen mit dem Ball erlaubt. Das Betreten der Zimmer ist nur mit Hausschuhen erwünscht. Auf den Fluren ist das Rennen nicht erwünscht. Nach 22 Uhr ist das Verlassen der Zimmer nicht mehr erlaubt."

1 Was ist auf der Wiese erlaubt?

2 Diese Verben sind im Text zu Nomen geworden.
Sie werden deshalb großgeschrieben.

fahren, spielen, betreten, rennen, verlassen

a. Finde die neuen Nomen im Text und markiere sie.
b. Markiere auch den Artikel **das** vor den neuen Nomen.

3 a. Schreibe die Verben, die im Text zu Nomen geworden sind, mit dem Artikel **das** auf.
b. Markiere den Artikel **das**.

> **!** **Aus Verben** können **Nomen** werden.
> Der Artikel **das** macht es! **das Aufbrechen**

4 a. Bilde aus diesen Verben Nomen.

wandern, laufen, üben, tanzen, kochen, lesen

b. Schreibe sie auf. Markiere den Artikel **das**.

wandern – (das) Wandern,

Es gibt noch andere Wörter, die Verben zu Nomen machen.

Gutes Benehmen erwünscht

Die Jugendlichen sollen sich beim Essen in der Jugendherberge gut benehmen. Deshalb gibt es Regeln. Die Jugendlichen sollen pünktlich zum Essen da sein. Beim Sprechen untereinander sollen die Jugendlichen rücksichtsvoll sein. Das Messer ist zum Schneiden da. Beim Abräumen von dem Geschirr sollen alle helfen.

5 Wobei sollen alle Jugendlichen helfen?

> **!** **Aus Verben** können **Nomen** werden.
> Die Wörter **beim** oder **zum** machen es!
> beim Aufbrechen – zum Aufbrechen

6 Im Text sind diese Verben zu Nomen geworden.

essen, sprechen, schneiden, abräumen

a. Finde die neuen Nomen im Text.
b. Schreibe die Nomen mit **beim** oder **zum** auf.
c. Markiere **beim** und **zum**.

beim Essen,

7 Bilde aus einem Verb ein Nomen.
Schreibe die Sätze in dein Heft.

Marek telefoniert viel mit Karola.
Beim Telefonieren haben Marek und Karola sich viel zu erzählen.

Tabea klettert schon lange im Alpenverein.
Beim ___ hat sich Tabea noch nie verletzt.

Jan liest fast jeden Abend im Bett.
Beim ___ merkt er oft nicht, wie spät es ist.

Thea hört Musik gern mit ihren neuen Kopfhörern.
Zum ___ von Musik benutzt Thea gern ihre neuen Kopfhörer.

Leon und Moritz wollen im Freibad schwimmen gehen.
Zum ___ verabreden sie sich um 15.00 Uhr.

Wörter aufzählen

Nomen aufzählen

Im Gartenmarkt

Sören und Pia wollen Gartenbeete anlegen. Sören sucht Kräuter für ein Beet aus. Er nimmt Minze, Rosmarin und Majoran. Pia möchte ein Blumenbeet anlegen. Sie wählt ein Löwenmäulchen, eine Sonnenblume und eine Dahlie.

1 a. Was nimmt Sören? Markiere die Nomen.
b. Was wählt Pia? Markiere die Nomen.

> **!** Die Teile einer Aufzählung werden durch Komma getrennt.
> Vor **und** steht kein Komma.

Sören und Pia sehen sich auch Gartengeräte an.
In den Sätzen fehlen die Kommas.

Achtung: Fehler!

Sie sehen sich einen Unkrautstecher eine Handschaufel einen Laubbesen und ein Pflanzholz an. Bei den Gartenscheren staunen sie, wie viele Arten es gibt: Blumenscheren Astscheren Heckenscheren und Baumscheren.

2 a. Markiere die Nomen in den Aufzählungen.
b. Ergänze die Kommas. Kreise **und** ein.

3 Welche anderen Gartengeräte betrachten Sören und Pia noch?

a. Ergänze den Satz. Zähle die Nomen auf.
b. Markiere die Kommas mit einem Pfeil. Kreise **und** ein.

Sie betrachten einen ______________________

____

____

____

››› einen Spaten,
eine Schaufel,
eine Leiter,
einen Rechen,
eine Schubkarre

Wortgruppen aufzählen

**Sören und Pia schreiben auf, welche Gartenarbeiten sie ohne die Hilfe der Eltern erledigen können.
Jede Wortgruppe enthält ein Nomen und ein Verb.**

Sören

den Weg kehren
den Rasen mähen
das Wasser holen
die Kräuter ernten
die Beete hacken

Pia

die Blumen pflanzen
die Beeren pflücken
die Pflanzen gießen
die Sträucher schneiden
das Unkraut jäten[1]

[1] **das Unkraut jäten:** das Unkraut entfernen

1 Welche Gartenarbeiten können Sören und Pia allein erledigen?

a. Wähle von Sören und Pia je drei Wortgruppen aus.
Schreibe damit vollständige Sätze.
b. Markiere die Kommas mit einem Pfeil.
c. Kreise **und** ein.

Sören kann

Pia kann

**Einige Gartenarbeiten können Sören und Pia nicht allein erledigen.
Ihre Eltern helfen dabei.**

2 Welche Gartenarbeiten können Sören und Pia mit Hilfe der Eltern erledigen?

a. Schreibe einen Satz mit 3 Wortgruppen.
b. Markiere die Kommas mit einem Pfeil.
c. Kreise **und** ein.

Mit den Eltern können Sören und Pia

››› die Obstbäume schneiden, einen Teich anlegen, den Boden umgraben

Die wörtliche Rede

Satzzeichen bei wörtlicher Rede

Anne, Kai und Timo schauen sich ein Spiel der Mädchen-Mannschaft ihrer Schule an. Sie feuern die Freundinnen an.

Auf dem Fußballplatz

Zwei Tor-Angriffe / haben die Spielerinnen der Talschule / in der ersten Halbzeit gewagt. / Doch ein Tor ist nicht gefallen. / Zu Beginn der zweiten Halbzeit / ruft Anne den Freundinnen zu: / „Viel Glück, / ihr schafft das!" / Kurz danach / läuft Natalie mit dem Ball am Fuß / auf das Tor der Gegner zu. / Kai schreit: / „Bleib am Ball, Natalie!" / Timo warnt: / „Nina, raus aus dem Abseits!" / Dann köpft Natalie / den Ball in Richtung Tor. / Die Torfrau der Gegner springt / in die rechte Ecke. / Der Ball fliegt / in die linke Ecke. / Die drei Freunde am Spielrand / jubeln wie im Chor: / „Tor, Tor!"

Was Anne, Kai und Timo sagen, steht in der wörtlichen Rede.

1 Was sagen Anne, Kai und Timo?
- Unterstreiche im Text die wörtliche Rede.
- Markiere die Anführungszeichen.

> **!** Wörtliche Rede markierst du mit **Anführungszeichen**:
> Anne ruft: „Viel Glück, ihr schafft das!"

Nach dem Spiel treffen sich die Freunde und unterhalten sich. Im folgenden Text fehlen die Anführungszeichen.

Anne ruft den Spielerinnen zu: _Ich gratuliere euch zum Sieg!_
Timo sagt: _Nina, du hast richtig gut verteidigt._
Kai klopft Natalie auf die Schulter und lobt: _Toller Kopfball._
Natalie lächelt glücklich und sagt:
Es war auch richtig gut, dass ihr uns angefeuert habt.

2 a. Markiere die wörtliche Rede.
b. Setze in den Text die fehlenden Anführungszeichen ein.

Auf dem Heimweg unterhalten sich die Freunde weiter.

Timo   Anne   Kai

3 Was sagen Timo, Anne und Kai?

a. Schreibe die Sätze als wörtliche Rede auf.
b. Setze die Anführungszeichen.

Timo fragt: ______________________________

Anne antwortet: ______________________________

____

Kai stellt fest: ______________________________

____

Die Freunde wollen ihre Mannschaft überraschen.
Sie haben eine Idee.

4 a. Was sagen Kai, Timo und Anne?
Lies die Sätze.
b. In den Sätzen fehlen die Doppelpunkte und die Anführungszeichen. Setze die fehlenden Zeichen ein.
c. Markiere die wörtliche Rede.

Kai sagt ☐ _ Beim nächsten Spiel mache ich Fotos. _

Timo überlegt laut ☐ _ Ich schreibe einen Text zu den Bildern. _

Anne schlägt vor ☐ _ Dann gestalte ich ein Poster. Damit überraschen wir die Mannschaft. _

5 Schreibe den Text **Auf dem Fußballplatz** in dein Heft ab.

→ Satzprofi: Umschlag hinten

Wörter nachschlagen

Nomen nachschlagen

Mirco macht ein Praktikum im Tierpark. Er fotografiert viele Tiere. Die Fotos klebt er in die Praktikumsmappe.

1

2

3

4

1 Mirco möchte die Fotos beschriften. Welche Tiere hat er fotografiert?

a. Sieh dir die Fotos an.
b. Schreibe zu jedem Foto das passende Nomen mit Artikel auf.

2 Hast du die Nomen richtig geschrieben? Kontrolliere.

a. Schlage die Nomen in der Wörterliste nach.
b. Schreibe die Nomen in die Tabelle.
c. Schreibe die Seite und die Spalte auf.

→ Wörterliste: Seite 92–95

Nomen	Wörterliste Seite	Wörterliste Spalte
	95	2

Verben nachschlagen

Mirco hat im Tierpark viel zu tun.

1 Was macht Mirco?

a. Sieh dir die Bilder an.
b. Ergänze passende Verben.

Er *fängt* das Lamm.

Er ________ das Lamm.

Er ________ den Vögeln Futter.

Er ________ mit dem Affen.

Er ________ das Pferd.

››› gibt
spielt
wiegt
putzt
~~fängt~~

In Wörterbüchern stehen die Verben immer in der Grundform (Infinitiv).

2 a. Bilde die Grundform von den Verben aus Aufgabe 1.
b. Kontrolliere mit der Wörterliste, ob du die Verben richtig geschrieben hast.

→ Wörterliste: Seite 92–95

er *fängt* → *fangen* er ________ → ________

er ________ → ________ er ________ → ________

er ________ → ________

3 a. Bilde die Grundform von den Verben in diesen Sätzen.
b. Suche die Grundform in der Wörterliste.
Kontrolliere, ob du die richtige Grundform gebildet hast.

Der Papagei flog durch den Käfig. Der Wärter nahm die Schere.

Er lockte den Papagei. Dann schnitt er dem Papagei die Krallen.

er flog – fliegen,

Extra: Fremdwörter nachschlagen

Pia hat Ärger mit ihrer Mutter. Nun schreibt sie eine E-Mail an ihre Freundin. Bei manchen Wörtern ist Pia nicht sicher, wie sie geschrieben werden.

Treffen wir uns im 

Meine Mutter meint, ich hocke zu viel vor dem 

Wenn wir ein K hören, schreiben wir oft ein K: das Krokodil. Manchmal wird das K, das wir hören, auch mit C geschrieben: der Comic.

1 • Wie werden die Wörter geschrieben?
• Wo findet Pia die Wörter in der Wörterliste: bei **K** oder bei **C**? → Wörterliste: Seite 92–95
Schlage die Wörter in der Wörterliste nach. Ergänze die Sätze:

Pia findet das Wort  ☐afé auf Seite ____ in Spalte ____.

Pia findet das Wort  ☐omputer auf Seite ____ in Spalte ____.

2 Diese Wörter werden am Anfang mit K gesprochen.
Wie musst du die Wörter am Anfang schreiben?

a. Schlage die Wörter in der Wörterliste nach. → Wörterliste: Seite 92–95
b. Ergänze den richtigen Buchstaben am Anfang.

das ☐asting Seite ____ in Spalte ____

das ☐onzert Seite ____ in Spalte ____

die ☐assette Seite ____ in Spalte ____

der ☐ontainer Seite ____ in Spalte ____

die ☐urve Seite ____ in Spalte ____

der ☐ampingplatz Seite ____ in Spalte ____

die ☐opie Seite ____ in Spalte ____

3 a. Zeichne eine Tabelle in dein Heft.
b. Ordne die Wörter aus Aufgabe 2 in die Tabelle ein.

Wörter mit C	Wörter mit K

Lisa antwortet Pia in einer E-Mail:

Ich habe heute keine Zeit.
Ich gehe gleich mit meiner Mutter shoppen.

Für den Campingurlaub brauche ich eine Sonnenbrille
und neue Shorts.

4 Prüfe, ob Lisa die hervorgehobenen Wörter richtig geschrieben hat.

a. Schlage die Wörter in der Wörterliste nach.
b. Schreibe die Wörter auf.
Schreibe die Seite und die Spalte dazu.

→ Wörterliste: Seite 92–95

__________: Seite ____ in Spalte ____

die __________: Seite ____ in Spalte ____

5 a. Suche in der Wörterliste vier weitere Wörter mit **Sh/sh** am Anfang.
b. Trage die Wörter in die Tabelle ein.

→ Wörterliste: Seite 92–95

Wörter mit Sh/sh	Wörterliste Seite	Wörterliste Spalte

6 Welche Wörter von Seite 54 und 55 willst du üben?

a. Wähle 4 Wörter aus. Bilde mit jedem Wort einen Satz.
b. Schreibe die Sätze auf.

Wortfamilien

Die Wortfamilie kaufen

Im Einkaufszentrum gibt es viel zu sehen.

Die Wörter in dem Bild gehören zur Wortfamilie kaufen.

1 Schreibe die Wörter aus dem Bild auf.

der Einkaufskorb,

2 Was ist bei den Wörtern der Wortfamilie **kaufen** in Aufgabe 1 gleich? Markiere.

Auch diese Wörter mit äu gehören zur Wortfamilie kaufen.

die Verkäuferin die Einkäufe der Käufer

3 Was ist bei diesen Wörtern gleich? Markiere.

4 Ergänze die Sätze mit passenden Wörtern aus Aufgabe 3.

Wenn eine Frau etwas verkauft, ist sie eine ____________________.

Wenn ein Mann etwas kauft, ist er ein ____________________.

Die Sachen in meinem Einkaufskorb sind meine ____________________.

5 a. Wähle 5 Wörter aus der Wortfamilie **kaufen** aus.
b. Bilde mit jedem Wort einen Satz. Schreibe in dein Heft.

Die Wortfamilie sprechen

Die Jugendlichen der Klasse 7 sprechen über das Klassenfest.
Thea ist Klassensprecherin und soll vor den Eltern eine Rede halten.

Die Rede für das Klassenfest

Thea fragt: „Warum muss ich als Klassensprecherin die Rede halten?"

Lisa entgegnet: „Ach, Thea! Das hatten wir doch abgemacht! Außerdem kannst du von uns allen am besten sprechen."

Thea sagt: „Aber wenn ich mich verspreche, ist das peinlich."

Tim sagt: „Das ist nicht schlimm. Der Nachrichtensprecher hat sich gestern auch einen Versprecher geleistet."

Mark rät Thea: „Du musst dir die Rede oft vorsprechen, dann wirst du sicher."

1 Was ist Thea peinlich?

2 Im Text findest du 6 Wörter der Wortfamilie **sprechen**.

a. Markiere die Wörter.
b. Schreibe die Wörter auf. Ergänze bei den Nomen die Artikel.

die Klassensprecherin,

3 Was ist bei allen Wörtern der Wortfamilie **sprechen** in Aufgabe 2 gleich? Markiere.

Auch diese Wörter gehören zur Wortfamilie sprechen.

die Sprache   sprachlos   die Aussprache   die Fremdsprache

4 Was ist bei diesen Wörtern gleich? Markiere.

5 a. Ergänze die Sätze mit passenden Wörtern aus Aufgabe 2 und 4.
b. Schreibe die Sätze in dein Heft.

Englisch ist eine ____.
Wenn ich nichts sagen kann, bin ich ____.
Einen Vortrag kann ich am besten üben, wenn ich mir den Text ____.

Wortfelder

Das Wortfeld machen

Laura hat einen Praktikumsplatz in der Bäckerei.
Sie darf verschiedene Tätigkeiten ausführen.
Darüber schreibt Laura einen Bericht.

Ich ~~mache~~ knete Teig.

Ich mache Brötchen.

Ich mache Brezeln.

Ich mache Schokolade auf den Kuchen.

Ich mache Mehl in die Knetmaschine.

››› ~~knete~~, rolle
belege, backe
forme, rolle
streiche, tupfe
siebe, schütte

Laura möchte die Tätigkeiten genauer beschreiben.
Sie ersetzt das Verb machen durch andere Verben.

1 Überarbeite die Sätze. Beschreibe die Tätigkeiten genauer.

a. Streiche in allen Sätzen das Verb **machen**.
b. Ersetze das Verb **machen** durch passende Verben. Schreibe darüber.

2 Schreibe die überarbeiteten Sätze ab. Benutze den **Satzprofi**.

→ Satzprofi: Umschlag hinten

**Sascha arbeitet bei seinem Praktikum in einer Autowerkstatt.
Er darf verschiedene Tätigkeiten ausführen.
Er schreibt in seinem Praktikumsbericht:**

Ich mache die Autos.

Ich mache die Reifen.

Ich mache die Felgen.

Ich mache die Werkstatt.

››› putze
stapele
poliere
wechsle
prüfe
fege

3 Was meint Sascha mit **machen**? Überarbeite die Sätze.

a. Ersetze das Verb **machen** durch passende Verben.
Es gibt mehrere Möglichkeiten.

b. Schreibe die überarbeiteten Sätze auf.

Enrico hat einen Praktikumsplatz bei einem Metzger.

4 Was macht Enrico genau?

a. Bilde Sätze zu den Tätigkeiten auf den Bildern.
Verwende passende Verben.

b. Schreibe die Sätze auf.

Nomen verwenden

Zusammengesetzte Nomen

Großes Angebot und kleine Preise

Robert, Benno und Malte treffen sich auf dem kleinen Markt am Spielplatz. Da ist immer viel los! Robert entdeckt am ersten Stand preiswerte Malstifte und einen Schreibblock. Benno probiert einen Liegestuhl aus. Malte fragt einen Verkäufer, wie teuer die Hörbücher sind. Hier bekommt man einfach alles!

1 Was tut Benno?

____

Im Text findest du 5 zusammengesetzte Nomen.

2 Markiere die zusammengesetzten Nomen.

3 a. Schreibe die zusammengesetzten Nomen mit Artikeln auf.
b. Beschreibe die zusammengesetzten Nomen genauer.

der Spielplatz – der Platz, auf dem ich spiele

____

____

____

____

Die Freunde sehen sich verschiedene Dinge auf dem kleinen Markt am Spielplatz an.

4 Ergänze die Sätze.
Verwende passende zusammengesetzte Nomen aus Aufgabe 2.

Robert entdeckt preiswerte ______________________.

Benno probiert *den* ______________________ aus.

Malte fragt nach, wie teuer *die* ______________________ sind.

Wir können **Verben und Nomen zusammensetzen.**
So können wir die Nomen genauer beschreiben.
Die zusammengesetzten Nomen werden **großgeschrieben.**

5 a. Bilde zusammengesetzte Nomen.
Streiche dazu bei den Verben -en durch.
b. Schreibe die zusammengesetzten Nomen mit Artikeln auf.

sitz~~en~~ + der Platz = der Sitzplatz

waschen + die Maschine = ______

laufen + die Schuhe = ______

schwimmen + der Kurs = ______

6 Welche zusammengesetzten Nomen werden gesucht?
Ergänze passende Nomen aus Aufgabe 5.

Der Platz, auf dem wir sitzen, ist der ______.

Die Maschine, mit der wir waschen, ist ______.

Der Schuhe, mit denen wir laufen, sind ______.

Der Kurs, in dem wir schwimmen, ist ______.

Auf dem Markt am Spielplatz gibt es auch diese Dinge zu kaufen.

das Ratespiel

die Trinkbecher

die Lesebücher

7 a. Wozu werden die Dinge gebraucht? Erkläre es einem Partner.
b. Schreibe ganze Sätze auf.

Das Ratespiel ist ein Spiel zum Raten.

______

______

Adjektive verwenden

Adjektive mit -ig und mit -lich

Conny und Tina sehen viele Menschen an einer Kreuzung.

Unfallgefahr

Conny: „Schau mal, wie neugierig die Menschen herumstehen!"

Tina: „Das sieht verdächtig nach einem Unfall aus. Lass uns hingehen."

Conny: „Du hast es aber eilig!"

Tina: „Die Kreuzung ist sehr gefährlich! Die Fußgänger kann man erst sehen, wenn sie auf der Straße sind."

Conny: „Ja, hier passieren fast täglich Unfälle. Hier muss endlich eine Ampel hin!"

1 Warum ist die Kreuzung gefährlich? Schreibe einen Satz.

2 Im Text findest du 3 Adjektive mit **-ig** und 3 Adjektive mit **-lich**.

a. Markiere die Adjektive.
b. Schreibe die Adjektive auf.

-ig ______

-lich ______

Mit -ig und mit -lich können wir aus Nomen Adjektive bilden:
der Wind → windig, das Fest → festlich.
Adjektive werden kleingeschrieben.

3 Bilde Adjektive mit **-ig** und **-lich**. Schreibe sie auf.

-ig
die Neugier → ______
das Fett → ______
der Mut → ______
der Zorn → ______

-lich
der Sport → ______
der Mensch → ______
die Schrift → ______
der Feind → ______

Wenn wir aus Nomen Adjektive mit -ig und -lich bilden, fällt manchmal das e vom Nomen weg: die Liebe → lieblich.

4 Bilde Adjektive mit **-ig** und **-lich**. Streiche das **e** im Nomen durch.

-ig	die Ruhe →	ruhig	die Eile →	______
	die Sonne →	______	der Riese →	______
-lich	die Farbe →	______	die Sache →	______
	der Friede →	______	die Geschichte →	______

**Mit -ig und mit -lich können wir aus Nomen Adjektive bilden.
Dabei verändert sich manchmal der Vokal:
die Last → lästig, der Tag → täglich, das Rot → rötlich.**

5 a. Bilde Adjektive mit **-ig** und **-lich**.
Kontrolliere mit der Wörterliste.

→ Wörterliste: Seite 92–95

b. Markiere alle **ä**, **ü** und **ö**.

-ig	der Zufall →	zufällig	die Vernunft →	______
	die Macht →	______	die Kraft →	______
-lich	die Natur →	______	das Wort →	______
	die Gefahr →	______	das Jahr →	______

Bei diesen Sätzen sind die Adjektive vertauscht.

Achtung: Fehler!

1 **Das ist eine ~~neugierige~~ Entscheidung.**
2 **Unsere schriftliche Nachbarin beobachtet alles genau.**
3 **Die sonnige Aufgabe ist sehr schwer.**
4 **Der gefährliche Tag im Park ist sehr schön.**
5 **Die vernünftige Kreuzung führt zu vielen Unfällen.**

6 a. Welches Adjektiv passt? Setze die Adjektive richtig ein:
- Streiche die Adjektive durch.
- Schreibe die passenden Adjektive darüber.

b. Schreibe die verbesserten Sätze in dein Heft.

7 a. Wähle 6 Adjektive von Aufgabe 3, 4 und 5 aus.
b. Bilde mit jedem Adjektiv einen Satz.
c. Schreibe die Sätze in dein Heft.

Verben verwenden

Mündlich erzählen im Perfekt

Am Schulsporttag hat die Klasse 7a eine Fahrradtour zum Störmthaler See[1] mit Turmbesteigung gemacht.

Am Abend erzählt Ivo seinen Eltern davon:

„Heute haben wir eine Fahrradtour gemacht. Die Sonne hat sofort für gute Laune gesorgt. Wir haben am See zuerst eine Pause gebraucht. Eduardo hat einen Snack an alle verteilt."

[1] **der Störmthaler See:** ein See in der Nähe von Leipzig

1 Was erzählt Ivo?

a. Markiere die Verben im Text.
b. Schreibe die Verben auf.

wir machen: ______________________

sie sorgt: ______________________

wir brauchen: ______________________

er verteilt: ______________________

2 Was haben die Schüler noch unternommen? Ergänze die passenden Verben.

Ivo sagt:

„Wir haben Fußball gespielt.

Mira und Nadine ____________ Enten ____________.

Ich ____________ meinen Fahrradhelm ____________.

Sergan ____________ mir beim Suchen ____________.

Er ____________ meinen Fahrradhelm ____________."

››› hat ... gefunden
haben ... gefüttert
hat ... geholfen
~~haben ... gespielt~~
habe ... gesucht

Ivo erzählt noch mehr von dem Ausflug:

„Später sind wir auf den Turm gestiegen. Dann sind Mira und Nadine um die Wette gerannt und ich bin in den See gesprungen. Am Nachmittag sind wir wieder nach Hause gefahren."

3 Was erzählt Ivo noch?

a. Markiere die Verben im Text.
b. Schreibe die Verben auf.

wir steigen: ______________________

sie rennen: ______________________

sie springen: ______________________

wir fahren: ______________________

> **!** Wenn wir **über Vergangenes mündlich erzählen**, benutzen wir Verben im **Perfekt**:
> **wir haben gemacht**, **wir sind gefahren**.

4 Was haben Ivo und die anderen Schüler noch gemacht?
Bilde Sätze mit er/sie und sie.
Verwende die Wortgruppen.

um den See gelaufen	in der Sonne eingeschlafen
ins Wasser gefallen	im See geschwommen

»» ich bin
du bist
er/es/sie ist
wir sind
ihr seid
sie sind

Über Vergangenes schreiben

**Ivo möchte auch einem Freund von dem Ausflug berichten.
Er schreibt eine E-Mail.**

Hallo Fabian!

Letzte Woche fuhr ich mit der Klasse zum Störmthaler See. Wir nahmen die Fahrräder. Die Sonne schien und wir saßen am Seeufer. Es war Philips Geburtstag, daher sangen wir ihm ein Lied. Später stiegen wir auf einen Turm. Dann aßen wir alle ein Eis.

1 Warum sangen die Schüler ein Lied?

Die Schüler

2 Im Text findest du Verben in der Vergangenheit (Präteritum).
Markiere die Verben.

3 a. Schreibe die markierten Verben aus dem Text auf.
b. Ordne jedem Verb in der Vergangenheit (Präteritum) das passende Verb in der Gegenwart (Präsens) zu.

ich fuhr - ich fahre	
wir nahmen - wir nehmen	

››› sie scheint
~~wir nehmen~~
wir steigen
~~ich fahre~~
wir essen
es ist
wir singen
wir sitzen

! Manche Verben **verändern sich**, wenn wir sie **im Präteritum verwenden**: ich beginne – ich begann, er trägt – er trug

4 a. Lies die Wortpaare in Aufgabe 3.
b. Markiere, was jeweils anders ist.

5 Hier gehören immer drei Verben zusammen.

a. Markiere die Verben, die zusammengehören, in der gleichen Farbe.
b. Schreibe die Verben als Wörterreihe auf.

finden	ich trinke	wir kamen
schreiben	es hilft	wir riefen
kommen	wir rufen	ich fand
rufen	ich finde	wir schrieben
helfen	wir kommen	ich trank
trinken	wir schreiben	es half

finden – ich finde – ich fand

schreiben –

Ivo möchte einen Schluss für die E-Mail schreiben.

6 Ergänze die Verben in der Vergangenheit (Präteritum).

Wir ____________ (kommen) nachmittags wieder zu Hause an.

Ich ____________ (trinken) zu Hause als Erstes ein großes Glas Wasser.

Das Wasser ____________ (helfen) gegen meinen Durst.

Ich ____________ (finden) den Ausflug sehr schön!

Viele Grüße

Ivo

Adverbien verwenden

Adverbien des Ortes

Der folgende Text informiert dich über das Mobiltelefon. Du erfährst, wo du das Mobiltelefon nutzen kannst und wo man es zuerst kaufen konnte.

Das Mobiltelefon

Ein Mobiltelefon ist ein tragbares Telefon. Wir nennen das Mobiltelefon auch Handy. Das bedeutet praktisch. Denn wir sind überall mit dem Handy erreichbar. Wir können es drinnen und draußen nutzen.

Bei der Erfindung von Handys waren die USA am schnellsten. Die ersten Geräte konnte man dort kaufen. Erst seit gut 20 Jahren kann man Handys auch hier in Deutschland kaufen.

das Mobiltelefon

1 Woher kommen die ersten Handys?
Schreibe einen Satz auf.

____

Im Text findest du 5 Adverbien des Ortes.

2 a. Im Text sind 2 Adverbien des Ortes hervorgehoben.
Markiere die anderen Adverbien des Ortes.
b. Schreibe die Adverbien des Ortes auf die Linien.

____

> **!** Mit Wörtern wie **überall, drinnen, draußen, hier, dort** können wir einen Ort oder eine Richtung genauer angeben.
> Wir nennen sie **Adverbien des Ortes**.

3 Ergänze passende Adverbien des Ortes aus Aufgabe 2.

Mein Handy kann ich ______________ nutzen.

Morgens stecke ich es ______________ in die Jackentasche.

Abends habe ich oft vergessen, dass ich es ______________

hineingesteckt habe.

Adverbien der Zeit

Felix hat einen Gutschein für ein Handy zum Geburtstag bekommen. Er trifft sich mit Tom vor einem Handyladen.

Ein Handykauf

Zuerst schauen sich die Freunde die Handys im Schaufenster an. Danach gehen Felix und Tom in den Laden. Sie lassen sich von einem Verkäufer beraten. Dann überlegen sie, welches Handy in Frage kommt. Schließlich kauft Felix mit dem Gutschein ein Handy.

1 a. In welcher Reihenfolge erledigen Felix und Tom den Handykauf?
b. Woran erkennt ihr die Reihenfolge?

Im Text findest du 4 Adverbien der Zeit.

2 a. Im Text sind 2 Adverbien der Zeit hervorgehoben.
Markiere die anderen Adverbien der Zeit.
b. Schreibe die Adverbien der Zeit auf die Linie.

____

! Mit Wörtern wie **zuerst, danach, dann, schließlich** können wir die Zeit genauer angeben. Wir nennen sie **Adverbien der Zeit**.

3 In welcher Reihenfolge erledigst du einen Einkauf?

a. Schreibe 4 Sätze auf. Verwende Adverbien der Zeit.
b. Markiere alle Adverbien der Zeit.

Zuerst vergleiche ich im Internet die Preise.

____

____

____

____

____

»» ~~vergleiche im Internet die Preise~~

schaue im Schaufenster von einem Geschäft

gehe mit meinen Eltern in das Geschäft und frage nach einem Angebot

kaufe …

Satzglieder verwenden

Das Subjekt und das Prädikat

> **!** Die Antwort auf die Frage Wer? nennen wir **Subjekt**.
> Die Antwort auf die Frage Was tut? nennen wir **Prädikat**.
> Das Subjekt und das Prädikat sind **Satzglieder**.

Ein hektischer Morgen

Lea verschläft. Die Mutter ruft. Lea springt aus dem Bett. Sie rennt zum Badezimmer. Lea wäscht ihr Gesicht und kämmt die Haare. Lea läuft in ihr Zimmer. Die Mutter bringt ihr einen Rock. Dann holt die Mutter ein T-Shirt aus dem Schrank. Lea packt ihre Schultasche. Der Vater sucht das Sportzeug. Er streicht auch die Brote. Der Bruder fährt Lea zur Schule.

1 Wer macht was an diesem Morgen?

a. Beantworte die Fragen.

b. Markiere Wer? und die Antwort (Subjekt).

c. Markiere Was tut? und die Antwort (Prädikat).

Wer? verschläft? ______________________

Was tut? die Mutter? ______________________

____

Wer packt die Schultasche? ______________________

Was tut der Vater? ______________________

____

Wer fährt Lea zur Schule? ______________________

2 a. Stelle selbst Fragen mit Wer? oder Was tut?.
b. Schreibe kurze Fragen und die Antworten auf.

____

____

Das Akkusativ-Objekt

> **!** Die Antwort auf die Frage **Wen oder was?** nennen wir **Akkusativ-Objekt**.

Lea kommt spät in der Schule an und rennt in die Klasse. Dort ist heute alles anders, denn die Jugendlichen räumen die Klasse auf.

1 a. Lies den Lückentext.
Ergänze dabei im Kopf passende Akkusativ-Objekte.
Tipps: • Stelle Fragen: **Wen** sucht Lilli? **Was** repariert Daniel …
• Manchmal gibt es mehrere Möglichkeiten.
b. Ergänze passende Akkusativ-Objekte.

Lilli sucht ______________________, um nach einer Leiter zu fragen.

Daniel repariert ______________________.

Er bittet ______________ um Hilfe. Karim und Carlos wischen ______________________ ab.

Ahmed bringt ______________________ weg.

Thea fragt ________________ nach neuen Büchern.

››› die Fensterbänke
das Altpapier
das alte Regal
die Lehrerin
Lea
den Hausmeister

2 Was machen die Jugendlichen in der Klasse noch?

a. Schreibe Sätze auf.

b. Markiere das **Subjekt**, das **Prädikat** und das **Akkusativ-Objekt**.

Sie ordnen die Bücher.

____

____

____

____

____

››› ~~die Bücher ordnen~~
die Blumen gießen
die Tafel putzen
die Schulleiterin nach neuen Tischen fragen
bunte Kreide holen
neue Namensschilder schreiben

Das Dativ-Objekt

Die Jugendlichen der Max-Ernst-Schule nehmen an einem Wettbewerb für Schulsanitäter[1] teil. 5 Personen spielen die Verletzten.

[1] **die Schulsanitäter:** Das sind Schüler, die vom Roten Kreuz geschult sind. Sie machen Dienst im Sanitätsraum.

1 Maria klebt einem Jungen ein Pflaster auf die Stirn.
2 Sven verbindet einem Mädchen den Arm.
3 Cedrik legt einem kleinen Jungen ein Kühlkissen auf die Beule.
4 Anna schiebt einer Frau eine Decke unter die Knie.
5 Diba gibt einem Mann eine Salbe auf die Wunde.

1 An welchem Wettbewerb nehmen die Schülerinnen und Schüler teil?

2 **Wem?** hilft Maria? **Wem?** helfen die anderen Jugendlichen?

a. Schreibe die Antworten in ganzen Sätzen auf.
b. Markiere **Wem?** und die Antworten.

Wem? klebt Maria ein Pflaster auf die Stirn?

Maria klebt einem Jungen ein Pflaster auf die Stirn.

Wem verbindet Sven den Arm?

Wem legt Cedrik ein Kühlkissen auf die Beule?

Wem schiebt Anna eine Decke unter die Knie?

Wem gibt Diba eine Salbe auf die Wunde?

Nach dem Wettbewerb passiert noch viel.

3 a. Ergänze die Sätze. Es gibt mehrere Möglichkeiten.
b. Markiere die Antwort auf die Frage **Wem?**.

Der Ausbilder überreicht *den Jugendlichen* die Urkunde.

Die Schüler zeigen ______________ die Auszeichnung.

Der Lehrerin gratuliert ______________.

Die Schüler helfen ______________ beim Aufräumen.

Sie wickeln ______________ den Verband ab.

Jonah nimmt ______________ das Kühlkissen ab.

Der Lehrer spendiert ______________ ein Eis.

››› den Sanitätern
den erschöpften Jugendlichen
den Eltern
~~den Jugendlichen~~
dem Verletzten
allen
dem kleinen Jungen

Helfen ist wichtig. Viele Menschen brauchen unsere Hilfe nicht nur, wenn sie verletzt sind.

4 Wem hilfst du manchmal?

a. Bilde 4 Sätze.
Du kannst die Wortgruppen aus der Randspalte verwenden.
Du kannst auch eigene Sätze aufschreiben.
b. Markiere die Antwort auf die Frage **Wem?**.

Ich helfe meinem kleinen Bruder bei den Hausaufgaben.

››› ~~meinem kleinen Bruder~~,
meiner Mutter,
dem Hausmeister,
meinem Nachbarn,
meiner Oma …

~~bei den Hausaufgaben~~,
in der Küche,
im Kiosk,
bei der Gartenarbeit,
beim Einkaufen …

Die adverbiale Bestimmung des Ortes

Leon, Sehad und Tim sind verabredet. Leon ruft Sehad an. Aber die Telefonverbindung ist schlecht.

Leon: „Wir treffen uns …“
Sehad: „Ich habe dich nicht verstanden. Wo treffen wir uns?“
Leon: „Wir treffen uns am Marktplatz! Dann fahren wir …“
Sehad: „Du musst lauter sprechen. Wohin fahren wir?“
Leon: „Wir fahren zum Sportplatz! Tim kommt direkt aus …“
Sehad: „Woher kommt Tim?“
Leon brüllt ins Telefon: „Tim kommt direkt aus der Schule!“

1 Sehad stellt viele Fragen, weil er Leon nicht versteht.

a. Lies die Fragen.
b. Schreibe die Antworten auf.
c. Markiere Wo?, Wohin?, Woher? und die Antwort.

Wo treffen wir uns? ______________________

Wohin fahren wir? ______________________

Woher kommt Tim? ______________________

! Die Antwort auf die Frage **Wo? Wohin?** und **Woher?** nennen wir **Ortsangabe**:
Wo treffen wir uns? Wir treffen uns am Bahnhof.

2 a. Ergänze die Sätze.
b. Markiere die **Ortsangabe**.

Thea und Emine treffen sich ______________________ (Wo?).

Kai und Uwe gehen ______________________ (Wohin?).

Halil kommt ______________________ (Woher?).

››› im Jugendzentrum/ im Kino
ins Kino/ zum Schwimmbad
aus dem Haus/ vom Zahnarzt

Die adverbiale Bestimmung der Zeit

Tim möchte von der Schule aus mit dem Bus zum Sportplatz fahren. Dort will er mit Leon und Sehad Fußball spielen.

Tim geht um 14 Uhr zur Bushaltestelle. Dort wartet er eine halbe Stunde auf den Bus. Aber der Bus kommt nicht. Leon und Sehad spielen schon seit 13 Uhr Fußball.

1 a. Lies die Fragen zum Text.
b. Schreibe die Antworten in ganzen Sätzen auf.
c. Markiere Wann?, Wie lange?, Seit wann? und die Antwort.

Wann geht Tim zur Bushaltestelle?

____

Wie lange wartet er auf den Bus?

____

Seit wann spielen Leon und Sehad schon Fußball?

____

> **!** Die Antwort auf die Frage **Wann? Wie lange? Seit wann?** nennen wir **Zeitangabe**:
> Wann kommst du? Ich komme um 14 Uhr.

2 a. Ergänze die Sätze. Es gibt mehrere Möglichkeiten.
b. Markiere die **Zeitangabe**.

Thea möchte sich ____________ (Wann?) mit Klara treffen.

Burak braucht mit dem Bus von der Schule bis nach Hause ____________ (Wie lange?).

Meine Oma liegt ____________ (Seit wann?) im Krankenhaus.

››› heute Nachmittag / um 16 Uhr
eine halbe Stunde / 20 Minuten
seit zwei Wochen / schon lange

3 a. Bilde 3 eigene Sätze mit Ortsangaben oder Zeitangaben.
b. Schreibe sie in dein Heft.

Sätze bilden – Sätze erkennen

Sätze zu Ende schreiben

Tessa findet an ihrem Fahrrad einen Zettel mit einer Nachricht. Weil es geregnet hat, ist nur noch ein Teil der Nachricht zu lesen.

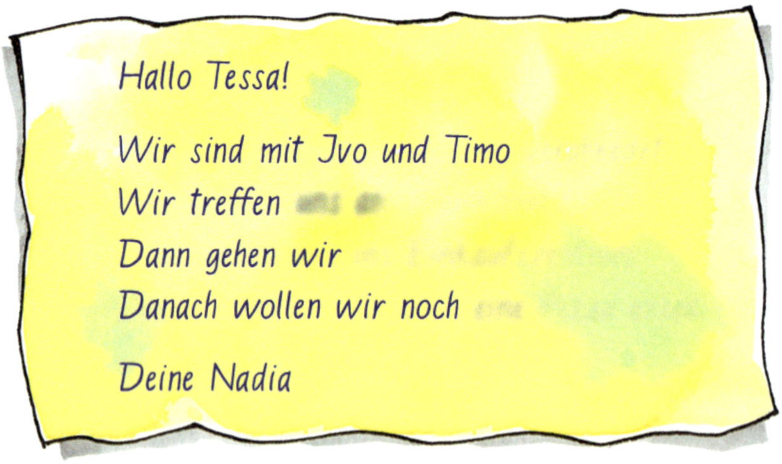

Bei jedem Satz in der Nachricht fehlen Informationen. Deshalb kann Tessa die Nachricht nicht verstehen.

1 Schreibe eine Nachricht, die Tessa verstehen kann. Vervollständige die Sätze. Es gibt mehrere Möglichkeiten.

Hallo Tessa!

Wir sind mit Jvo und Timo

Deine Nadia

››› heute Nachmittag verabredet
um 15 Uhr verabredet

uns am Marktplatz
uns vor dem Bahnhof

gemeinsam in die Stadt
zum Einkaufszentrum

ein Eis essen
eine Pizza essen

Sätze enthalten einzelne Informationen. Damit wir einen Satz verstehen, müssen die Informationen vollständig sein.

2 Schreibe eine eigene Nachricht an deine Freundin oder an deinen Freund. Schreibe in dein Heft.

Sätze bilden

Die Jugendlichen haben sich in der Stadt verabredet und gehen ins Einkaufszentrum. Was machen die Jugendlichen?

1 Bilde Sätze und schreibe sie auf. Es gibt mehrere Möglichkeiten.
Denke daran:
- Das erste Wort im Satz schreiben wir groß.
- Am Ende von jedem Satz steht ein Punkt.

eine Verabredung | Tessa und Nadia | heute | haben

Heute haben

gehen | mit Ivo und Timo | sie | ins Einkaufszentrum

im Einkaufszentrum | eine Tüte Popcorn | sie | kaufen

in die Sportabteilung | mit der Rolltreppe | Ivo und Nadia | fahren

fahren | rauf und runter | Tessa und Timo | mit dem Fahrstuhl

2 Was machen Tessa, Nadia, Ivo und Timo noch im Einkaufszentrum?

a. Bilde selbst Sätze.
b. Schreibe die Sätze auf.

Satzgrenzen bestimmen

Tessa und Timo

Tessa ist seit einigen Wochen in Timo verliebt / sie möchte gern viel Zeit mit ihm verbringen Timo mag Tessa auch gern leider sind sie bei den Verabredungen nicht allein oft wollen ihre Freundinnen und Freunde etwas mit ihnen unternehmen dann gehen alle zusammen zum Beispiel ins Kino Tessa und Timo sitzen dann nebeneinander manchmal gehen die Jugendlichen in die Eisdiele Tessa und Timo haben sich beim Eisessen viel zu erzählen.

Dieser Text ist schwer zu lesen, weil die Punkte am Ende von den Sätzen fehlen.

1 a. Lies den Text. Überlege, wo die Sätze zu Ende sind.
b. Markiere, wo die Sätze zu Ende sind. Es sind 9 Sätze.

2 Schreibe die Sätze richtig auf.
Denke daran:
- Das erste Wort im Satz schreiben wir groß.
- Am Ende von jedem Satz steht ein Punkt.

Satzschlusszeichen wiederholen

> **!** Am Ende von einem **Aussagesatz** steht ein **Punkt**.
> Am Ende von einem **Fragesatz** steht ein **Fragezeichen**.
> Am Ende von einem **Aufforderungssatz** oder von einem **Ausrufesatz** steht meistens ein **Ausrufezeichen**.

So geht die Geschichte von Tessa und Timo weiter.

Tessa vertraut Nadia an: „Ich würde Timo gern einmal allein treffen☐ Meinst du, dass ich Timo einfach mal ansprechen kann☐ Ich bin so unsicher☐ Vielleicht sagt er Nein☐" Nadia wundert sich: „Hast du etwa Angst☐ Probiere es doch einfach☐" Mit klopfendem Herzen spricht Tessa Timo nach der Schule an: „Timo, hast du Lust, mit mir ins Kino zu gehen☐" Timo erkundigt sich: „Nur wir beide☐" Tessa antwortet unsicher: „Ja, das dachte ich☐" Timo freut sich: „Das ist ja eine super Idee☐ Wann hast du denn Zeit☐"

1 a. Lies die Sätze mit unterschiedlicher Betonung.
b. Überlege bei jedem Satz: Welches Satzschlusszeichen passt?
c. Ergänze die passenden Satzschlusszeichen.
Manchmal gibt es verschiedene Möglichkeiten.

2 Was könnten Tessa und Timo noch sagen?

a. Bilde 6 weitere Sätze.
b. Schreibe die Sätze mit passenden Satzzeichen auf.

Den Textknacker anwenden

Der Textknacker hilft dir, Texte zu lesen und zu verstehen.

1 Lies den Text. Wende die Schritte vom Textknacker an.

1. Schritt: Vor dem Lesen
2. Schritt: Das erste Lesen
3. Schritt: Den Text genau lesen

So nutzen Jugendliche die elektronischen Medien

Wissenschaftler fragten Jugendliche, wie wichtig ihnen die verschiedenen elektronischen Medien sind. Sie wollten herausfinden, wann Jugendliche welche Medien bevorzugen.

Bei der Umfrage kam heraus, dass Jugendliche das Internet, den Fernseher und den MP3-Player beim Chillen[1] fast gleich gern verwenden. Sind sie allein, nutzen sie am liebsten das Internet.

Gemeinsam mit der Familie rückt das Fernsehen auf Platz eins. Sind die Jugendlichen allein, liegt das Fernsehen auf Platz zwei.

[1] das Chillen, beim Chillen [sprich: tschillen]: beim Erholen

4. Schritt: Nach dem Lesen

2 Schreibe die wesentlichen Informationen auf.

a. Was fragten die Wissenschaftler Jugendliche?

b. Welche Medien verwenden Jugendliche beim Chillen?

c. Welches Medium nutzen Jugendliche am liebsten mit der Familie?

So kann ich den Textknacker anwenden:

☺ ☐ Gut!	😐 ☐ Noch nicht so gut. Ich übe weiter.

Tätigkeiten beschreiben

Andy ist Maler.
Hier siehst du, welche Tätigkeiten zu seinem Beruf gehören.

1 Sieh dir die Bilder an.

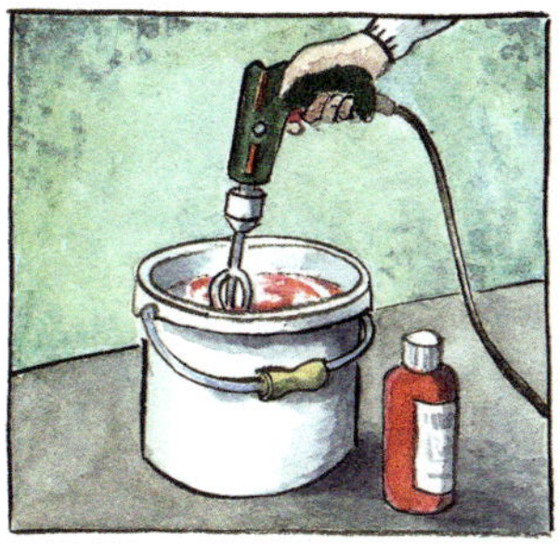
mischt die Farben

bereitet den Untergrund vor[1]

lackiert die Türen

tapeziert[2] die Wände

baut das Gerüst auf

streicht die Außenfassade

[1] **den Untergrund vorbereiten:** zum Beispiel alte Farbe mit einem Spachtel ablösen

[2] **tapezieren:** die Wände mit Tapeten aus bedrucktem Papier oder Stoff verschönern

2 Was tut Andy als Maler?
Schreibe in ganzen Sätzen auf.
Tipp: Die Satzanfänge helfen dir.

Andy mischt

Er bereitet

So kann ich Tätigkeiten beschreiben:

☺ ☐ Gut!	😐 ☐ Noch nicht so gut. Ich übe weiter.

Einen Vorgang beschreiben

Marvin möchte die Vögel draußen im Winter füttern.
Er errichtet ein Vogelhaus. Diese Bilder beschreiben den Vorgang.

Auch du kannst den Vorgang mit Hilfe der Bilder beschreiben.

1 Was muss man nacheinander tun? Nummeriere.

- ☐ das Vogelhaus mit Vogelfutter befüllen
- ☐ das Vogelhaus in einen Baum hängen
- ☐ die Bauteile zusammenbauen
- ☐ die Bauteile für das Vogelhaus ordnen

2 Beschreibe den Vorgang.
Verwende die Wortgruppen aus Aufgabe 1.
Verdeutliche die Reihenfolge durch passende Satzanfänge.

Zuerst ordnet man die Bauteile für das Vogelhaus.

Danach

>>> Dann …
~~Zuerst~~ …
Zum Schluss …
Danach …

So kann ich einen Vorgang beschreiben:
☺ ☐ Gut! 😐 ☐ Noch nicht so gut. Ich übe weiter.

Stellung nehmen

In der Cafeteria der Martinschule treffen sich Jugendliche der Theatergruppe. Sie besprechen, wie sie zur nächsten Aufführung einladen sollen.

Treff in der Cafeteria

Yannik: „Wir können den Einladungstext auf die Internetseite unserer Schule stellen. Dann brauchen wir keine Einladungen auf Papier zu drucken."

Lara: „Mir gefällt die Idee, denn sie spart Zeit. Einladungen auf Papier müssten wir noch verteilen."

Leni: „Ich bin gegen den Vorschlag, weil nicht jeder Schüler die Internetseite regelmäßig anschaut."

Quentin: „Den Vorschlag finde ich nicht gut, denn eine Einladung auf Papier ist persönlicher."

Eva: „Ich finde die Idee auch super, weil wir Schüler die Internetseite für aktuelle Informationen nutzen sollen."

Die Jugendlichen haben unterschiedliche Meinungen.

1 a. Welchen Vorschlag besprechen die Jugendlichen? Markiere im Text.
b. Welche Gründe dafür oder dagegen nennen sie? Markiere im Text.
c. Schreibe in Stichworten auf die Linien.

Vorschlag: *den Einladungstext* ____________________

____

Gründe dafür: ____________________

____

Gründe dagegen: ____________________

____

2 Welche Meinung hast du? Begründe.

____

____

So kann ich Stellung nehmen:	
☺ ☐ Gut!	😐 ☐ Noch nicht so gut. Ich übe weiter.

Zu einem Text schreiben

Schulfest in der Martinschule

Heute findet ab 10 Uhr das Schulfest der Martinschule statt. Das ist ein großer Tag für die Schülerinnen und Schüler! Sie führen um 14 Uhr eine Musikshow in der Aula auf. Die Schülerband, die Rapper und die Hip-Hop-Tänzer machen auch mit. Viele andere Schülerinnen und Schüler helfen und bauen die Dekoration auf. Ein Besuch der Show lohnt sich!

die Hip-Hop-Tänzer

1 Über welches besondere Ereignis informiert dich der Zeitungsartikel?

a. Markiere im Text.
b. Schreibe einen ganzen Satz auf.

Die Schülerinnen und Schüler

2 a. Lies die folgenden Fragen.
b. Markiere die Antworten im Text.
c. Schreibe Stichworte auf die Linien.

Wann wird die Musikshow aufgeführt? ______

Wo führen die Schülerinnen und Schüler die Musikshow auf? ______

Wer macht alles mit? ______

3 Eine Musikshow braucht Musiker, Sänger, Tänzer, aber auch Helfer.
Was würdest du gern machen? Begründe.

4 Bei einer Aufführung kann es kleine Pannen geben.
Was könnte passieren? Schreibe deine Ideen in 3 Sätzen auf.

››› den Text vergessen, über ein Kabel stolpern, das Licht ist zu hell/dunkel …

So kann ich zu einem Text schreiben:

☺ ☐ Gut! 😐 ☐ Noch nicht so gut. Ich übe weiter.

Mit Wörterreihen üben

Bei diesen Verben ändert sich im Präteritum und im Perfekt der Vokal.
Übe diese Verben mit Wörterreihen.

ich spreche – ich sprach – ich habe gesprochen
ich werfe – ich warf – ich habe geworfen
ich helfe – ich half – ich habe geholfen

1 a. Lies die Wörterreihen. Achte dabei auf die blauen Vokale.
b. Schreibe die Wörterreihen auswendig auf.
c. Markiere den Vokal.

→ So schreibe ich Wörterreihen auf: Seite 42

2 Ergänze die passenden Verben aus Aufgabe 1.

Verben im Präsens

Ich ______________ mit meinen Freunden.

Beim Handball ______________ ich das erste Tor.

Ich ______________ bei der Vorbereitung der Party.

Verben im Präteritum

Ich ______________ einem neuen Mitschüler.

Als Klassensprecher ______________ ich mit dem Lehrer.

Beim Handball ______________ ich zwei Tore.

Verben im Perfekt

Am Abend ________ ich die Flaschen in den Container ______________.

Ich ________ beim Aufbau vom Sportfest ______________.

Mit einigen Schülern der Partnerschule ________ ich ______________.

So kann ich mit Wörterreihen üben:

☺ ☐ Gut!	😐 ☐ Noch nicht so gut. Ich übe weiter.

Nomen mit -heit und -ung

Der Marathonlauf

1 Ein Marathonlauf ist eine sportliche Veranstaltung, bei der
2 die Teilnehmer eine weite Strecke laufen. Sie laufen die Entfernung
3 vom Startpunkt bis zum Ziel meist über Wege und Straßen.
4 Eine Absperrung der Straßen sorgt für Sicherheit. Die Teilnehmer
5 müssen bei bester Gesundheit sein und vorher das Laufen üben.
6 Faulheit beim Training können sich Marathonläufer nicht leisten.

Im Text findest du 6 Nomen mit -heit und -ung.

1 a. Zwei Nomen sind hervorgehoben. Markiere die anderen.
b. Schreibe die Nomen mit Artikeln auf.
c. Markiere **-heit** und **-ung**.

2 a. Bilde aus den Adjektiven weitere Nomen mit **-heit**.
Verwende den richtigen Artikel.
b. Markiere alle **-heit**.

Nomen mit -heit

gemein – die Gemeinheit frei – ______

klug – ______ frech – ______

3 a. Bilde aus den Verben weitere Nomen mit **-ung**.
Streiche dazu bei den Verben **-en**.
b. Markiere **-ung**.

Nomen mit -ung

bewerben – die ______ beschreiben – ______

erfinden – ______ führen – ______

4 Bilde 4 Sätze mit Nomen aus Aufgabe 2 und 3.
Schreibe die Sätze in dein Heft.

Er hat es aus Gemeinheit gesagt.

So kann ich Nomen mit -heit und -ung erkennen und bilden:

☺ ☐ Gut! 😐 ☐ Noch nicht so gut. Ich übe weiter.

Wörter aufzählen

Der Angelausflug

Nico ist Mitglied im Angelverein. Oft sieht Merle ihrem Bruder zu, wenn er sich auf das Angeln vorbereitet. Er kontrolliert Köder, Angelrute, Rolle und Schnur. Heute darf Merle mit zum Angeln. Sie hat von ihrem Bruder schon viel über Süßwasserfische gelernt. Sie weiß, dass es im See prächtige Karpfen, dicke Barsche, große Hechte und lange Aale gibt.

1 Was kontrolliert Nico? Markiere die Nomen.

2 a. Bilde einen Satz. Zähle die Nomen auf.
b. Markiere alle Kommas mit einem Pfeil. Kreise **und** ein.

Nico kontrolliert ____________________

____

››› der Köder, die Angelrute, die Rolle …

3 Welche Süßwasserfische gibt es in dem See?
Markiere die Wortgruppen.

4 a. Bilde einen Satz. Zähle die Wortgruppen auf.
b. Markiere alle Kommas mit einem Pfeil. Kreise **und** ein.

____

____

____

››› prächtige Karpfen, dicke Barsche …

So kann ich Wörter aufzählen:

☺ ☐ Gut! 😐 ☐ Noch nicht so gut. Ich übe weiter.

Zusammengesetzte Nomen

Rund um das Auto

Sascha fährt mit seinem Vater zur Tankstelle. Der Vater von Sascha stellt das Auto neben die Zapfsäule und tankt. Dann fährt er das Auto in die Waschanlage. Er stellt das saubere Auto auf den Parkplatz. Sascha und sein Vater kontrollieren das Auto. Sie prüfen das Lenkrad, die Reifen und das Warndreieck. Sascha stellt fest: „Die Prüfplakette ist abgelaufen. Das Auto muss zum TÜV[1]."

[1] **der TÜV:** eine Abkürzung für Technischer Überwachungs-Verein. Ein Techniker vom TÜV prüft die Sicherheit von Geräten und Fahrzeugen.

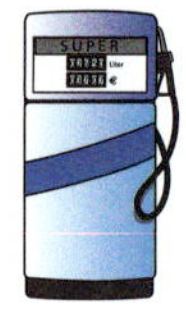

die Zapfsäule

das Warndreieck

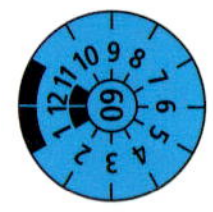

die Prüfplakette

1 Wohin fährt Sascha mit seinem Vater? Schreibe einen Satz auf.

____

2 a. Im Text findest du 7 zusammengesetzte Nomen. Markiere sie.
b. Schreibe die zusammengesetzten Nomen mit Artikeln auf. → Wörterliste: Seite 92–95

die Tankstelle,
____
____

3 Ergänze die Sätze.
Verwende passende Nomen aus Aufgabe 2.

Auf dem Nummernschild am Auto klebt die Prüfplakette.

Wenn wir **tanken** wollen, fahren wir zu einer __________.

Diesel, Benzin und Super **zapfen** wir an der __________.

Wir **lenken** das Auto mit dem __________.

Wir **waschen** das Auto in der __________.

Wir **parken** das Auto auf einem __________.

So kann ich Nomen verwenden:

☺ ☐ Gut! 😐 ☐ Noch nicht so gut. Ich übe weiter.

Über Vergangenes schreiben

Gestern fand die Einweihung des neugestalteten Schulhofs statt. Auf einer Infotafel am Eingang steht Folgendes.

Vielen Dank an unsere Helfer

Das taten unsere fleißigen Helfer: Einige Schülerinnen und Schüler gruben die Wiese für ein Beet um und zogen dort Kräuter. Die Kräuter wuchsen gut. Ein paar Schülerinnen strichen die Holzbänke auf dem Schulhof farbig. Viele Schüler halfen dem Hausmeister beim Bau des Klettergartens. Sie gaben sich alle große Mühe. So gelang es, den Schulhof in der geplanten Zeit neu zu gestalten.

1 Was taten die fleißigen Schüler?
Im Text findest du 8 Verben in der Vergangenheit (Präteritum).
Markiere die Verben.

2 a. Schreibe die markierten Verben aus dem Text auf.
b. Ordne jedem Verb in der Vergangenheit (Präteritum) das passende Verb in der Gegenwart (Präsens) zu.

sie taten – sie tun	

››› sie wachsen
~~sie tun~~
sie helfen
sie graben um
es gelingt
sie ziehen
sie streichen
sie geben

3 a. Lies die Wortpaare in Aufgabe 2.
b. Markiere, was jeweils anders ist.

4 Hier gehören immer 3 Verben zusammen.
a. Markiere die Verben, die zusammengehören, in der gleichen Farbe.
b. Schreibe die Verben als Wörterreihen auf.

frieren	ich friere	ich ging
gehen	ich gehe	ich fror

So kann ich über Vergangenes schreiben:

☺ ☐ Gut! ☹ ☐ Noch nicht so gut. Ich übe weiter.

Das Subjekt und das Prädikat

Im Tierheim gibt es viel zu tun

1 Eine ältere Tierpflegerin füttert die Tiere.
2 Eine Praktikantin hilft beim Füttern der Tiere.
3 Eine jüngere Tierpflegerin pflegt die Tiere.
4 Ein Tierpfleger säubert die Räume der Tiere.
5 Ein Helfer spielt mit den Tieren.
6 Eine Helferin geht nachmittags mit den Hunden auf eine Wiese.
7 Die Tierärztin untersucht die Tiere.
8 Die Tierheimleiterin sucht ein neues Zuhause für die Tiere.

1 Wer tut was im Tierheim?
Schreibe die Sätze ab.

2 Bestimme die Satzglieder in den 8 Sätzen.

a. Stelle die Frage **Wer?** und markiere die Antwort.

b. Stelle die Frage **Was tut?** und markiere die Antwort.

So kann ich Satzglieder erkennen:

☺ ☐ Gut!	😐 ☐ Noch nicht so gut. Ich übe weiter.

(für Seite 78–79)

Satzgrenzen bestimmen und Satzschlusszeichen wiederholen

Neu in der Klasse

Xenia ist vor einer Woche mit ihrer Familie in die Stadt gezogen / heute ist ihr erster Schultag in der neuen Schule sie betritt aufgeregt den Raum der Klasse 7a Xenia spürt die Blicke ihrer neuen Mitschüler dann nickt sie allen freundlich zu und stellt sich vor.

Achtung: Fehler!

Dieser Text ist schwer zu lesen, weil die Punkte am Ende von den Sätzen fehlen.

1 a. Lies den Text. Überlege, wo die Sätze zu Ende sind.
b. Markiere, wo die Sätze zu Ende sind. Es sind 5 Sätze.

2 Schreibe die Sätze richtig auf. Denke daran:
- Das erste Wort im Satz schreiben wir groß.
- Am Ende von jedem Satz steht ein Punkt.

Hier fehlen passende Satzschlusszeichen.

Die Mutter fragt am Abend: „Wie war denn heute dein erster Schultag ___"

Xenia antwortet: „Zuerst war ich nervös, aber die Klasse gefällt mir ___"

Der Vater sagt: „Na, dann war das doch ein guter Start ___"

3 a. Lies die Sätze mit unterschiedlicher Betonung.
b. Überlege bei jedem Satz: Welches Satzschlusszeichen passt?
c. Ergänze die passenden Satzschlusszeichen.
Manchmal gibt es verschiedene Möglichkeiten.

So kann ich Satzgrenzen bestimmen und Satzschlusszeichen setzen:

☺ ☐ Gut!	😐 ☐ Noch nicht so gut. Ich übe weiter.

A

Aa, aa	der Aal, die Aale	87
Ak, ak	aktuell, aktueller, am aktuellsten	83
Al, al	alt, älter, am ältesten	25, 31
An, an	anstrengend, anstrengender, am anstrengendsten	10, 18
Aq, aq	das Aquarium, die Aquarien	29, 30
Ar, ar	arbeiten (er arbeitet, er arbeitete)	10
Au, au	aufzählen	87
	der Auszug, die Auszüge	34, 37
	das Auto, die Autos	88
	der Autor, die Autoren	20

B

Ba, ba	backen	19, 58
	die Bäckerei, die Bäckereien	58
	der Bahnhof, die Bahnhöfe	74, 76
	die Ballade, die Balladen	28
	bauen	84
Be, be	die Beere, die Beeren	49
	befüllen	82
	beginnen (er beginnt, er begann)	30, 66
	die Belohnung, die Belohnungen	36
	das Benehmen	47
	das Bett, die Betten	24, 25, 26, 70
	die Beule, die Beulen	15, 72
	bequem, bequemer, am bequemsten	10
	beschreiben (er beschreibt, er beschrieb)	86
	bevorzugen	5, 6, 80
Bl, bl	bleiben (er bleibt, er blieb)	16, 50
Br, br	brauchen	55, 64, 73, 75
	brechen (er bricht, er brach)	29, 30
	die Bremse, die Bremsen	12, 13
	das Brett, die Bretter	29
Bu, bu	die Burg, die Burgen	24, 25

C

Ca, ca	das Café, die Cafés	54
	der Campingplatz, die Campingplätze	54
	das Casting, die Castings	54
Co, co	der Comic, die Comics	54
	der Computer, die Computer	54
	der Container, die Container	54, 85

D

Da, da	die Dahlie, die Dahlien	48
De, de	die Decke, die Decken	72
	der Deich, die Deiche	29, 30
Du, du	dunkel, dunkler, am dunkelsten	25, 84
Dr, dr	dramatisch, dramatischer, am dramatischsten	33
	draußen	41, 68, 82
	drinnen	68

E

Ec, ec	die Ecke, die Ecken	50
Ei, ei	die Eisdiele, die Eisdielen	78
	einladen (er lädt ein, er lud ein)	83
Er, er	die Erfindung, die Erfindungen	68
	erfinden (er erfindet, er erfand)	86
	die Erlaubnis	34
	erlauben	46
	erleichtern	10
Es, es	essen (er isst, er aß)	47, 66, 76

F

Fa, fa	fahren (er fährt, er fuhr)	46, 65, 74, 77
	das Fahrrad, die Fahrräder	12, 13, 66
	fallen (er fällt, er fiel)	50, 65
	fangen (er fängt, er fing)	29, 32, 53
	die Fantasie	28, 30, 32
Fe, fe	fehlen	18, 24, 48, 51
	das Feld, die Felder	8
	die Felge, die Felgen	14, 15
	das Fernglas, die Ferngläser	34, 35, 36, 37
	der Fernseher, die Fernseher	5, 30, 80
Fi, fi	finden (er findet, er fand)	42, 67, 83
Fl, fl	fliegen (er fliegt, er flog)	53
Fo, fo	das Foto, die Fotos	6, 51, 52
Fr, fr	die Freiheit	44
	frech, frecher, am frechsten	86
	frei, freier, am freisten	86
	frieren (er friert, er fror)	89
Fu, fu	fühlen	31
	die Füllung, die Füllungen	39
	füttern	82

G

Ge, ge	geben (er gibt, er gab)	16, 21, 53, 72, 73
	gefährlich, gefährlicher, am gefährlichsten	63
	gefallen (er gefällt, er gefiel)	83
	gehen (er geht, er ging)	47, 74, 77, 89
	gehören (er gehört, er gehörte)	81, 89
	gelingen (er gelingt, er gelang)	89
	das Geld, die Gelder	16, 17, 37
	gemein, gemeiner, am gemeinsten	86
	das Gerät, die Geräte	6, 88
	das Geräusch, die Geräusche	30

P

Pa, pa	packen	37, 70
	der Park, die Parks	34
	der Parkplatz	88
Pe, pe	persönlich, persönlicher, am persönlichsten	83
Pf, pf	der Pfau, die Pfaue	52
	pfeifen (er pfeift, er pfiff)	34
	die Pflanze, die Pflanzen	8, 11, 49
	das Pflaster, die Pflaster	72
Po, po	polieren (er poliert, er polierte)	59
	das Popcorn	77
	das Poster, die Poster	51
Pr, pr	prächtig, prächtiger, am prächtigsten	87
	das Praktikum, die Praktika	12
	der Praktikumsbericht, die Praktikumsberichte	12
	praktisch, praktischer, am praktischsten	10
	probieren	60, 79
	das Prozent	7
	die Prüfplakette	88
Pu, pu	pünktlich, pünktlicher, am pünktlichsten	47
	putzen (er putzt, er putzte)	53

Q

Qu, qu	Quentin	83

R

Ra, ra	der Rasen	49
	raten (er rät, er riet)	61
	das Ratespiel, die Ratespiele	61
	der Raum, die Räume	90
Re, re	der Rechen, die Rechen	48
	die Rechnung, die Rechnungen	45
	reiben (er reibt, er rieb)	41
	der Reifen, die Reifen	88
	das Rennrad, die Rennräder	39
	rennen (er rennt, er rannte)	37, 39, 46, 65, 70
	die Rettung	45
Ru, ru	rücksichtsvoll, rücksichtsvoller, am rücksichtsvollsten	47
	ruhig, ruhiger, am ruhigsten	29

S

Sa, sa	der Samen, die Samen	9
	der Sanitäter, die Sanitäter	73
	die Salbe, die Salben	72
	der Sattel, die Sattel	13
Sc, sc	scharf, schärfer, am schärfsten	26
	scheinen (er scheint, er schien)	66
	die Schere, die Scheren	53
	schieben (er schiebt, er schob)	14, 41, 72
	schließlich	69
	der Schluck	29
	das Schlüsselwort, die Schlüsselwörter	4, 21
	schmal, schmaler, am schmalsten	25
	schnappen	37
	schneiden (er schneidet, er schnitt)	53
	die Schönheit	44
	der Schraubenschlüssel, die Schraubenschlüssel	13
	schreiben (er schreibt, er schrieb)	20, 42, 67
	die Schubkarre, die Schubkarren	48
	der Schüler, die Schüler	84
	die Schülerin, die Schülerinnen	84
	die Schule, die Schulen	91
	schütten	58
	schwierig, schwieriger, am schwierigsten	18
	schwimmen (er schwimmt, er schwamm)	24
Se, se	die Sekunde, die Sekunden	34
	der See, die Seen	24
	der Seehund, die Seehunde	27
	sein (er ist, er war)	36
	die Serie, die Serien	20
	der Sessel, die Sessel	28
Sh, sh	das Shampoo, die Shampoos	55
	das Shirt, die Shirts	55
	der Shop, die Shops	55
	shoppen (er shoppt, er shoppte)	55
	die Shorts, die Shorts	55
	die Show, die Shows	55
Si, si	die Sicherheit	44
	sieben	58
	der Sieg, die Siege	50
	singen (er singt, er sang)	42, 43
	sitzen (er sitzt, er saß)	66
So, so	sollen	83
	sorgen	64, 86
Sp, sp	der Spaten, die Spaten	48
	der Spaziergang	26
	spendieren	73
	spielen	53, 72
	sportlich, sportlicher, am sportlichsten	86
	die Sprache, die Sprachen	57
	sprachlos	57

Das Arbeitsheft wurde erarbeitet auf der Grundlage der Arbeitshefte *Klick! Schreiben Lesen 7, Klick! Rechtschreiben Grammatik 7* und *Klick! Rechtschreiben Grammatik 8* (hrsg. von Dorothee Braun) sowie *Klick! Schreiben Lesen 8* (hrsg. von Katharina Probst-Bauer).

Textquellen:
Achim Reichel: Sturmflut (S. 29). Aus: Melancholie und Sturmflut (CD). 1991 ℗ & © WEA Music.
Ein Geschäftsbereich von Warner Music Germany. A Time Warner Company.
Nach Sigrid Zeevaert: Mehr als ein Spiel (S. 34 -37). Auszug aus: einfach lesen! Mehr als ein Spiel.
Ein Leseprojekt, erarbeitet von Dorit Kock-Engelking, zu dem gleichnamigen Jugendbuch von Sigrid Zeevaert.
Berlin (Cornelsen Verlag) 2005. S. 9/10, 16 - 18, 24 - 26, 32/33.
Alle weiteren Texte sind Originalbeiträge.

Bildquellen:
S. 6: © Dejan Videnovic - fotolia.com; **S. 22:** © h368k742 #53268143 - fotolia.com; **S. 52** oben links: © Shutterstock/Darkkong; **S. 52** oben rechts: © Shutterstock/Helmut Lechner; **S. 52** unten links: © yykkaa - fotolia.com; **S. 52** unten rechts: © Sergey Kohl #73900061 - fotolia.com

Illustrationen:
Oleg Assadulin: S. 34-37, 46, 70, 74, 75
Carsten Märtin: S. 9, 10, 12-14, 29, 48, 50, 51, 56, 57, 60, 61, 64, 65, 68, 80-84, 87
Matthias Pflügner: S. 16, 18, 53, 54, 58, 59
Ulrike Selders: S. 44, 45, 88
Juliane Steinbach: S. 24, 27, 62, 76, 78
Rüdiger Trebels: S. 5

Projektleitung: Gabriele Biela
Redaktion: lüra - Klemt und Mues GBR, Wuppertal; Frederike Schlünder
Bildrecherche: lüra - Klemt und Mues GBR, Wuppertal

Umschlaggestaltung: Cornelsen Verlag Design/Klein & Halm Grafikdesign, Berlin
Umschlagfoto: Image Source/Corbis
Layout und technische Umsetzung: Klein & Halm Grafikdesign, Berlin

www.cornelsen.de

1. Auflage, 1. Druck 2015

Alle Drucke dieser Auflage sind inhaltlich unverändert
und können im Unterricht nebeneinander verwendet werden.

Druck: Himmer AG, Augsburg

ISBN 978-3-06-060580-4

PEFC/04-31-1549

PEFC zertifiziert
Dieses Produkt stammt aus nachhaltig bewirtschafteten Wäldern und kontrollierten Quellen.

www.pefc.de

Doppel-Klick 7

Das Arbeitsheft

■ für erhöhten Förderbedarf

Lösungen

Texte lesen und verstehen

Seite 4

1 c. *Jn dem Text geht es vermutlich um das Handy, das Radio, das Fernsehgerät, den CD-Player und den MP3-Player. Es geht auch um Jugendliche, die elektronische Medien verwenden.*

2 b. *Jm Sachtext wird gefragt, wie wichtig elektronische Medien für Jugendliche sind.*

3 a. *Du hast sicher 5 Absätze gezählt und sie nummeriert.*
c. *Jugendliche werden befragt, wie wichtig die einzelnen Medien für sie zu den verschiedenen Tageszeiten sind.*

Seite 6

5 b. *Zum Beispiel:*
1 Wissenschaftler befragen Jugendliche
2 Bevorzugte Medien morgens
3 Wichtige Medien vormittags
4 Beliebte Medien nachmittags
5 Gefragte Medien abends

6 a. und b.
die Medien: Die Medien sind Mittel, mit denen man Jnformationen, Texte, Nachrichten, Musik oder Bilder verbreiten kann.

Seite 7

7 b. *Jn der Grafik geht es um die Nutzung von elektronischen Medien. Die Grafik zeigt, wie Jugendliche die Medien nutzen. Es werden das Fernsehen, das Radio und das Handy genannt. Die Linien geben die Nutzung zu den verschiedenen Tageszeiten in Prozent an.*

8 b. und d.

das Medium	die Antworten im Text	die Antworten in der Grafik
Fernsehen	*nicht so wichtig*	*16 Prozent*
Radio	*wichtig*	*27 Prozent*
Handy	*am unwichtigsten*	*7 Prozent*

e. *Du und dein Partner habt sicher überlegt, dass die Angaben in der Grafik genauer sind.*

Tätigkeiten beschreiben

Seite 8

2 Ein Baumschulgärtner *kümmert sich* um die große Anbaufläche einer Baumschule. Er *pflanzt und pflegt* Bäume, Sträucher und Obstgehölze. Mit dem Bewässerungssystem *bewässert* er die Pflanzen. Mit einer Baumschere *kürzt* er die Seitentriebe der Bäume. So *schneidet* er die Bäume. Damit die Bäume gut wachsen, muss er sie *verschulen.*

Seite 9

3 a. *So hast du sicher verbunden:*
1 lockert mit der Hackmaschine den Boden
2 sät mit der Sämaschine den Samen aus
3 pflanzt die Jungpflanzen in Töpfe um

b. 1 Ein Baumschulgärtner *lockert mit der Hackmaschine den Boden.*
2 Eine Baumschulgärtnerin *sät mit der Sämaschine den Samen aus.*
3 Ein anderer Baumschulgärtner *pflanzt die Jungpflanzen in Töpfe um.*

Seite 10

5 b. *Diese Wortgruppen hast du sicher grün markiert:*
den ganzen Tag draußen sein,
moderne Maschinen, Arbeitskleidung

Diese Wortgruppen hast du sicher rot markiert:
bei großer Hitze arbeiten, schwer heben, auf Hebebühne arbeiten

c. *Diese Wortgruppen hast du sicher grün markiert:*
sehen, wie sich die Natur verändert,
erleichtern die Arbeit, praktisch und bequem

Diese Wortgruppen hast du sicher rot markiert:
ist anstrengend, Rückenprobleme, steht man nur herum

d.

Was gefällt Onkel Jens?	die Begründung
den ganzen Tag draußen sein	*sehen, wie sich die Natur verändert*
moderne Maschinen	*erleichtern die Arbeit*
seine Arbeitskleidung	*praktisch und bequem*

Was gefällt Onkel Jens nicht?	die Begründung
bei großer Hitze arbeiten	*ist anstrengend*
schwer heben	*Rückenprobleme*
auf Hebebühne arbeiten	*steht man nur herum*

Seite 11

6 *Diese Stärken von Paul hast du sicher angekreuzt:*
Paul ist gern an der frischen Luft. ☒
Paul ist gut im Kraftsport. ☒
Er interessiert sich für Technik und Maschinen. ☒

7 Ein Baumschulgärtner sollte handwerklich geschickt sein, weil er die Maschinen *bedienen und warten* muss.

Eine gute Beobachtungsgabe hilft, Schädlinge an einer Pflanze schnell zu *erkennen*.

Ein Baumschulgärtner sollte gut mit Menschen umgehen können, denn er arbeitet mit Kollegen zusammen und *berät die Kunden*.

Er oder sie braucht ein gutes Gedächtnis, um sich *die vielen Informationen über Pflanzen merken* zu können.

Einen Vorgang beschreiben

Seite 12

1
1 das Fahrrad verkehrt herum stellen
2 die Bremse öffnen
3 die Schraubenmuttern lösen
4 das Rad aus der Gabel heben

2 *Zum Beispiel:*
Zuerst stellt man das Fahrrad verkehrt herum.
Dann öffnet man die Bremse.
Danach löst man die Schraubenmuttern.
Zum Schluss hebt man das Rad aus der Gabel.

Seite 13

3 a. *So hast du sicher verbunden:*
1 Man stellt das Fahrrad verkehrt herum auf den Sattel und den Lenker.
2 Man öffnet die Bremse mit den Händen.
3 Man löst die Schraubenmuttern mit einem Schraubenschlüssel.
4 Man hebt das Rad nach oben aus der Gabel.

4 *Zum Beispiel:*
Zuerst stellt man *das Fahrrad verkehrt herum auf den Sattel und den Lenker.*
Dann öffnet man *die Bremse mit den Händen.*
Danach löst man *die Schraubenmuttern mit einem Schraubenschlüssel.*
Zum Schluss hebt man *das Rad nach oben aus der Gabel.*

Seite 14

1
1 einen Reifenheber zwischen Felge und Reifen schieben
2 den Reifen über die Felge hebeln
3 den zweiten Reifenheber an der Felge entlangziehen
4 das Ventil aus der Felge drücken
5 den Schlauch rausziehen

2 *Zum Beispiel:*
Zuerst schiebt man einen Reifenheber zwischen Felge und Reifen.
Anschließend hebelt man den Reifen über die Felge.
Dann zieht man den zweiten Reifenheber an der Felge entlang.
Danach drückt man das Ventil aus der Felge.
Zum Schluss zieht man den Schlauch aus der Gabel.

Seite 15

3 a. 1 Man schiebt einen Reifenheber gegenüber vom Ventil zwischen Felge und Reifen.
2 Man hebelt den Reifen mit dem Reifenheber über die Felge.
3 Man zieht den zweiten Reifenheber an der Felge entlang rund ums Rad.
4 Man drückt das Ventil durch ein Loch aus der Felge.
5 Man zieht den Schlauch aus dem Reifen.

4 *Zum Beispiel:*
Zuerst schiebt man einen Reifenheber gegenüber vom Ventil zwischen Felge und Reifen.
Anschließend hebelt man den Reifen mit dem Reifenheber über die Felge.
Danach zieht man den zweiten Reifenheber an der Felge entlang rund ums Rad.
Dann drückt man das Ventil durch ein Loch aus der Felge.
Zum Schluss zieht man den Schlauch aus dem Reifen.

Stellung nehmen

Seite 16

1 *Sie sprechen darüber, ob es einen Schulkiosk geben soll.*

2 *Diese Namen hast du sicher grün markiert:*
Richard, Evelina, Erkan, Sonja

3 *Diese Namen hast du sicher rot markiert:*
Lena, Jonas, Natalie, Kevin

Seite 17

4 *Gründe dafür:*
Jeder kann sich etwas zum Essen und zum Trinken kaufen.
Keiner muss mehr den Schulhof zum Einkaufen verlassen.
Man kann viele Leute kennen lernen.
Wir können damit etwas Geld für die Schule verdienen.

Gründe dagegen:
Nicht alle Schüler haben Geld zum Einkaufen.
Man kann sich beim Verkauf streiten.
In den Pausen bleibt dann weniger Zeit für die Freunde.
Ein Schulkiosk ist viel Arbeit.

Seite 18

7 „Ihr habt keine Zeit für einen Kiosk, weil ihr eure Hausaufgaben nicht mehr schafft."
„Wir schaffen unsere Hausaufgaben, weil wir uns die Aufgaben teilen."

„Der Verkauf am Kiosk ist anstrengend, weil ihr euch in den Pausen nicht erholt."
„Wir können uns in der Pause erholen, weil wir uns mit dem Verkauf abwechseln."

„Es wird schwierig, weil euch der Überblick über die zu erledigenden Aufgaben fehlt."
„Wir kennen alle Aufgaben, weil wir uns einen Arbeitsplan machen."

8 *Zum Beispiel:*
Ich vermute, dass die Schulleiterin dem Schulkiosk zustimmen wird, weil die Schüler sich so viele Gedanken gemacht haben und gut vorbereitet sind.

Seite 19

9 *Zum Beispiel:*
Ich finde den Verkauf von Saft nicht gut, weil wir dann schwere Kisten heben müssen.
Ich bin gegen den Verkauf von Kaugummi, weil viele Schüler Kaugummis unter die Tische kleben.
Ich bin gegen den Verkauf von belegten Brötchen, weil das sehr viel Arbeit ist.
Ich finde den Verkauf von Schokoriegeln gut, weil viele Schüler Schokolade mögen.
Ich bin dafür, dass wir frisches Obst verkaufen, weil es sehr gesund ist.
Ich bin für den Vorschlag, selbst gebackenen Kuchen zu verkaufen, weil er immer gut schmeckt.

Inhalte zusammenfassen

Seite 20

2 Wie heißt die Überschrift von dem Text?
Die Überschrift heißt Verschiedene Fernsehsendungen.

Wer ist der Autor von dem Text?
Der Autor ist Robert Schwarz.

Was für ein Text ist das?
Es ist ein Sachtext.

Seite 21

3 *Der Text informiert über das Fernsehen und verschiedene Fernsehsendungen.*

4 *Es gibt Sendungen, die informieren, bilden oder unterhalten. Es gibt auch viele Werbesendungen. Durch das Fernsehen werden viele Menschen erreicht.*

5 Der Text *Verschiedene Fernsehsendungen*
von *Robert Schwarz* ist ein *Sachtext*.
Der Sachtext informiert darüber,
welche *Sendungen es im Fernsehen gibt*.
Es gibt Sendungen, die *informieren,*
bilden oder unterhalten.
Es gibt auch viele *Werbesendungen*.
Durch das Fernsehen *werden*
viele Menschen erreicht.

Seite 22

1 Wie heißt die Überschrift von dem Text?
Die Überschrift heißt Warmes Essen durch Wellen.

Wer ist die Autorin von dem Text?
Die Autorin ist Lena Kurz.

Was für ein Text ist das?
Es ist ein Sachtext.

Seite 23

2 *Der Text informiert über den Mikrowellenherd.*

3 *der Mikrowellenherd, 1974, riesig, schwer, teuer, 20 Jahre später, klein, leicht, billig*

Magnetron, erzeugt Mikrowellen, breiten sich aus, treffen Essen, bringen Wasser zum Schwingen, Wasser und Essen warm

4 Der Text *Warmes Essen durch Wellen* von *Lena Kurz* ist ein *Sachtext*. Der Sachtext informiert über *den Mikrowellenherd*. Zuerst war der Mikrowellenherd *riesig*, *schwer* und *teuer*. Heute ist der Mikrowellenherd *klein*, *leicht* und *billig*. Im Mikrowellenherd gibt es ein Magnetron, das die *Mikrowellen* erzeugt. Wenn die Mikrowellen auf das Essen treffen, bringen sie das Wasser im Essen zum Schwingen. Das Wasser und damit das Essen wird *warm*.

Einen Text überarbeiten

Seite 24

3 *Wir* machten eine Klassenfahrt an den Silbersee.
Wir bezogen am ersten Tag unsere Betten.
Wir waren vor dem Essen im See schwimmen.
Wir grillten am Abend am See.
Wir machten am zweiten Tag eine Wanderung.
Wir paddelten am dritten Tag auf dem See mit Kanus.
Wir planten für die Nacht eine Wanderung durch den Wald.
Wir besuchten am vierten Tag die Burg am See.
Wir waren am Nachmittag schwimmen.
Wir fuhren am fünften Tag nach Hause.
Die Klassenfahrt war sehr schön.

Seite 25

5 *Zum Beispiel:*
Wir waren vor dem Essen im See schwimmen.
Das Wasser war *eiskalt*.
Wir machten am zweiten Tag eine Wanderung.
Unsere Wanderung war *anstrengend*.
Für die Nacht planten wir eine Wanderung durch den Wald.
Im Wald war es *unheimlich*.
Der Weg war *steinig*.
Am vierten Tag besuchten wir die Burg am See.
Die Burg war *groß*.

6 *Zum Beispiel:*
Am ersten Tag bezogen wir unsere Betten.
Am Abend grillten wir.
Mit Kanus paddelten wir am dritten Tag auf dem See.
Am vierten Tag besuchten wir die Burg am See.
Nach Hause fuhren wir am fünften Tag.

Seite 26

1 *Zum Beispiel:*
Wir machten eine lustige Klassenfahrt an die Nordsee.
Am ersten Tag bezogen wir unsere Betten.
Vor dem Essen planten wir einen Spaziergang an den steinigen Strand.
Am Abend kochten wir gemeinsam ein leckeres Essen.

Seite 27

4 *Zum Beispiel:*
Am zweiten Tag machten wir eine lange Wanderung zum Leuchtturm.
Mit dem Schiff fuhren wir am dritten Tag zu den süßen Seehunden.
Am Nachmittag badeten wir in der Nordsee.
Am vierten Tag besichtigten wir den großen Hafen.
Wir fuhren am fünften Tag wieder nach Hause.

Balladen lesen und verstehen

Seite 28

1 b. *Die Ballade handelt von verschiedenen Sturmfluten.*

2 a. Strophe 1 bis Ende Zeile 12,
Strophe 2 bis Ende Zeile 24 und
Strophe 3 bis Ende Zeile 32

4 a. *Diese Nummern hast du sicher zu den Sätzen geschrieben:*
2 Dann erlebt sie eine Sturmflut in der Fantasie.
3 Schließlich beobachtet sie draußen eine Sturmflut.
1 Am Anfang sieht die Hauptperson eine Sturmflut im Fernsehen.

b. *Am Anfang sieht die Hauptperson eine Sturmflut im Fernsehen. Dann erlebt sie eine Sturmflut in der Fantasie. Schließlich beobachtet sie draußen eine Sturmflut.*

Seite 30

5 b. *Diese Wörter und Wortgruppen hast du sicher unterstrichen:*
1. Strophe:
gemütlicher Abend, Sondersendung, Deich bricht, Bier, wie der Vorhang sich bewegt
2. Strophe:
Heulen, Krachen, Klirren, alles fängt sich an zu drehen, fliegt Zeitung, Lampe, Teppich, Vase, Zimmer hebt ab, mitten im Orkan, Fisch hüpft, Bretter, Leck dicht
3. Strophe:
ruhiger, aus dem Fenster, einiges verändert, Auto nicht mehr da, Nachbarhaus nicht mehr da, nix als Wasser

c. **1. Strophe:**
Die Hauptperson sitzt gemütlich im Lieblingssessel. Sie schaltet den Fernseher an. Jm Fernsehen läuft eine Sondersendung. Die Hauptperson sieht zu, wie ein Deich bricht. Dabei öffnet sie sich ein Bier und trinkt davon. Dann sieht sie, wie sich der Vorhang bewegt.
2. Strophe:
Plötzlich hört die Hauptperson Geräusche. Auf einmal dreht sich alles. Das Zimmer hebt ab, alles fliegt umher. Der Fisch hüpft vor Freude im Aquarium. Dann nagelt die Hauptperson das Leck mit Brettern dicht.
3. Strophe:
Dann wird es ruhiger. Die Hauptperson schaut aus dem Fenster. Das Auto ist nicht mehr da. Das Nachbarhaus ist auch nicht mehr da. Die Hauptperson sieht überall nur noch Wasser.

Seite 31

6 b. *Zum Beispiel:*
Zuerst fühle ich mich sicher im Fernsehsessel. Dann werde ich unsicher. / Mitten im Orkan bin ich völlig durcheinander und habe Angst. / Als es ruhiger wird, bin ich erleichtert. Doch dann erschrecke ich mich, weil draußen überall Wasser ist.

Seite 32

8 **Das passiert in der Wirklichkeit:**
Die Hauptperson nimmt das Fernsehprogramm.
Die Hauptperson knipst den Kasten an.
Das Auto vor der Tür ist nicht mehr da.
Das Nachbarhaus ist nicht mehr da.

Das passiert in der Fantasie:
Und alles fängt sich an zu drehen.
Das ganze Zimmer hebt ab.

9 a. und b.
Zum Beispiel:
[X] In der Fantasie gibt es keine Grenzen.
Jch finde, die Hauptperson erlebt die Sturmflut in der Fantasie am stärksten.

Seite 33

10 *Zum Beispiel:*
Ich finde, Strophe 3 beschreibt sie am spannendsten, weil so leise und plötzlich nur noch Wasser da ist.

11 a. *Diese beiden Merkmale hast du sicher angekreuzt:*
Eine Ballade ist ein besonderes Gedicht, meist mit mehreren Strophen. ☒
In einer Ballade geht es oft um ein dramatisches Geschehen. ☒

b. *So könntest du deine Auswahl begründen:*
Die Ballade „Sturmflut" hat mehrere Strophen.
Es kommt keine wörtliche Rede vor.
Das dramatische Geschehen ist eine Sturmflut.

12 *Zum Beispiel:*
- einen gemütlichen Fernsehabend machen
- zu Hause sicher, aber plötzlich unsicher
- seltsame Dinge in der Fantasie
- überall nur noch Wasser

13 *Zum Beispiel:*
Die Hauptperson möchte sich einen gemütlichen Fernsehabend machen. Sie fühlt sich zu Hause sicher. Doch plötzlich wird die Hauptperson unsicher. Es passieren seltsame Dinge in ihrer Fantasie. Als es wieder ruhiger wird, ist draußen etwas Schreckliches passiert. Überall ist nur noch Wasser.

Zu Texten schreiben

Seite 34

1 b. **Frieda:**
Frieda lief mit dem Fernglas auf die Straße.
Sie lieh das Fernglas einem Jungen.
Tom:
Tom sprach Frieda auf der Straße an. Er lieh sich das Fernglas für eine halbe Stunde.

Seite 35

2 b. **Tom:**
Er redete mit zwei Jungen auf der Straße.
Er tat, als hätte er noch nie etwas von einem Fernglas gehört.

3

	richtig	falsch
Tom brachte das Fernglas am zweiten Tag zurück.		✗
Tom redete mit zwei Jungen.	✗	
Tom tat, als hätte er noch nie etwas von einem Fernglas gehört.	✗	
Frieda war glücklich, Tom zu sehen.		✗
Die zwei Jungen bedrohten Frieda.	✗	

Seite 36

4 a. *Frieda hängte einen Zettel an Bäumen auf.*
b. *Tom und ein Unbekannter meldeten sich bei Frieda.*

Seite 37

6 a. *Benno und Sven bedrohten Frieda.*
b. *Die beiden Jungen forderten Geld von Frieda.*

Mitsprechwörter: Wörter mit Doppelkonsonanten

Seite 38

1 *Elias und Jonas zelten am Wasser.*

2 a. *Diese Wörter hast du sicher markiert:*
das Wasser, wollen, die Wette, schwimmen, können

3 und **4**
Wörter mit **ss**:
das Wasser, wir essen, die Klasse, wir verbessern

Wörter mit **ll**:
wir wollen, wir stellen, die Füllung, die Mikrowelle

Wörter mit **tt**:
die Wette, das Bett, das Brett, wir füttern

Wörter mit **mm**:
wir schwimmen, der Hammer, das Zimmer, immer

Wörter mit **nn**:
wir können, wir nennen, wir rennen, wir beginnen

5 *Elias und Jonas zelten am Wasser. Sie sehen eine Insel. Elias fragt: „Jonas, wollen wir um die Wette zu der Insel schwimmen?" Jonas antwortet: „Nein, das ist mir zu weit. Wir können ein Kanu mieten."*

Seite 39

7 und **8**

wir füllen - er füllt - die Füllung
wir schwimmen - er schwimmt - die Schwimmweste
wir gewinnen - er gewinnt - der Gewinner
wir hoffen - er hofft - die Hoffnung
wir stellen - er stellt - der Stellplatz
wir rennen - er rennt - das Rennrad

9 *Zum Beispiel:*
Er trägt die Schwimmweste zur Sicherheit.
Wir hoffen, er kommt pünktlich.
Wir stellen die Fahrräder im Keller ab.
Von meinem Rennrad ist die Kette abgesprungen.

Nachdenkwörter: Wörter mit b/d/g am Ende

Seite 40

1 der Wald → *die Wälder* das Feld → *die Felder*

2 der Abend → *die Abende* der Freund → *die Freunde*
der Weg → *die Wege* der Berg → *die Berge*
das Sieb → *die Siebe* der Dieb → *die Diebe*

3 *der wilde Mann - wild,*
der wütende Wolf - wütend,
das liebe Kind - lieb,
die halbe Welt - halb,
der fremde Mann - fremd,
der runde Ball - rund,
das kluge Kind - klug,
die gelbe Sonne - gelb

Seite 41

4 sie trägt → *tragen* er folgt → *folgen*
er lebt → *leben* er bleibt → *bleiben*

5 er sagt → *sagen* er fragt → *fragen*
er legt → *legen* er liegt → *liegen*
er klebt → *kleben* er glaubt → *glauben*
er schiebt → *schieben* er reibt → *reiben*

6 *Sicher hast du 6 dieser Sätze aufgeschrieben:*
Der Wolf ist verwandt mit dem Hund. Wölfe sind sehr selten. Am Tag versteckt sich der Wolf meistens im Wald. Manchmal entdeckt man einen Wolf auf dem Feld. Der Wolf lebt in einer Höhle. Das Weibchen trägt die jungen Wölfe etwa 65 Tage bis zur Geburt im Bauch. Nach der Geburt bleibt der junge Wolf zuerst in der Höhle. Später verlässt er die Höhle und folgt seinen Eltern nach draußen.

Mit Wörterreihen üben

Seite 43

3 **Verben im Präsens:**
„Wenn ich unter der Dusche stehe, *singe* ich ein Lied.
Ich *helfe* meiner Mutter in der Küche.
Ich *trinke* zum Frühstück eine Tasse Tee."

4 **Verben im Präteritum:**
Ich *nahm* jeden Morgen ein kühles Bad im See.
Beim Basketballspiel *warf* ich den entscheidenden Korb.
Ich *fand* das Essen abends super.
Auf der Abschlussfeier *trank* ich drei Flaschen Limonade.

5 **Verben im Perfekt:**
„Vormittags *habe* ich mit meiner Freundin *gesungen*.
Nach dem Mittagessen *habe* ich meiner Schwester beim Aufräumen *geholfen*.
Dann *habe* ich alte Kleidung in den Kleidercontainer *geworfen*."

Nomen großschreiben

Seite 44

1 *Bei einer Fahrt durch das Eismeer steht die Sicherheit an oberster Stelle.*

2 a., b. und c.
Diese Wörter hast du sicher markiert und aufgeschrieben:
die Schönheit, die Dunkelheit, die Sicherheit

3 *die Freiheit, die Wahrheit, die Krankheit*

4 *Zum Beispiel:*
Ich liebe meine Freiheit.
Er hat die Wahrheit gesagt.
Sie hat die Krankheit schnell überwunden.

Seite 45

1 *Die Beobachtung von Eisbergen ist gefährlich.*

2 a., b. und c.
Diese Wörter hast du sicher markiert und aufgeschrieben:
die Erfahrung, die Aufregung, die Beobachtung

3 rechn~~en~~ – *die Rechnung* kreuz~~en~~ – *die Kreuzung*
anleit~~en~~ – *die Anleitung* bewerb~~en~~ – *die Bewerbung*
rett~~en~~ – *die Rettung* ausstell~~en~~ – *die Ausstellung*

4 *Zum Beispiel:*
Sie bezahlt die Rechnung.
Sie warten an der Kreuzung.
Ich lese die Anleitung.
Er schreibt eine Bewerbung.
Die Rettung war erfolgreich.
Es gibt eine Ausstellung mit Bildern.

Seite 46

1 *Auf der Wiese ist das Spielen mit dem Ball erlaubt.*

2 und **3**
das Fahren, das Spielen, das Betreten, das Rennen, das Verlassen

4 *wandern - das Wandern*
laufen - das Laufen
üben - das Üben
tanzen - das Tanzen
kochen - das Kochen
lesen - das Lesen

Seite 47

5 *Alle Jugendlichen sollen beim Abräumen von dem Geschirr helfen.*

6 *beim Essen, zum Essen, beim Sprechen, zum Schneiden, beim Abräumen*

7 *Sicher hast du die Sätze so abgeschrieben und diese Nomen gebildet:*
Tabea klettert schon lange im Alpenverein.
Beim Klettern hat sich Tabea noch nie verletzt.
Jan liest fast jeden Abend im Bett.
Beim Lesen merkt er oft nicht, wie spät es ist.
Thea hört Musik gern mit ihren neuen Kopfhörern.
Zum Hören von Musik benutzt Thea gern ihre neuen Kopfhörer.
Leon und Moritz wollen im Freibad schwimmen gehen.
Zum Schwimmen verabreden sie sich um 15.00 Uhr.

Wörter aufzählen

Seite 48

1 *Diese Nomen hast du sicher markiert:*
a. Minze, Rosmarin, Majoran
b. Löwenmäulchen, Sonnenblume, Dahlie

2 a. und b.
Diese Nomen hast du sicher markiert, die Kommas ergänzt und „und" eingekreist:
Sie sehen sich einen Unkrautstecher, eine Handschaufel, einen Laubbesen und ein Pflanzholz an. Bei den Gartenscheren staunen sie, wie viele Arten es gibt: Blumenscheren, Astscheren, Heckenscheren und Baumscheren.

3 a. und b.
Sie betrachten einen Spaten, eine Schaufel, eine Leiter, einen Rechen und eine Schubkarre.

Seite 49

1 a., b. und c.
Zum Beispiel:
Sören kann den Weg kehren, den Rasen mähen und die Beete hacken.
Pia kann die Blumen pflanzen, die Sträucher schneiden und das Unkraut jäten.

2 a., b. und c.
Zum Beispiel:
Mit den Eltern können Sören und Pia die Obstbäume schneiden, einen Teich anlegen und den Boden umgraben.

Die wörtliche Rede

Seite 50

1 *Diese wörtliche Rede hast du sicher markiert:*
Zeile 4: … „Viel Glück, ihr schafft das!"
Zeile 6 bis 7: … „Bleib am Ball, Natalie!"
Zeile 7: … „Nina, raus aus dem Abseits!"
Zeile 11: … „Tor, Tor!"

2 a. und b.
Anne ruft den Spielerinnen zu: „Ich gratuliere euch zum Sieg!"
Timo sagt: „Nina, du hast richtig gut verteidigt."
Kai klopft Natalie auf die Schulter und lobt: „Toller Kopfball." Natalie lächelt glücklich und sagt:
„Es war auch richtig gut, dass ihr uns angefeuert habt."

Seite 51

3 a. und b.
Timo fragt: „*Was sagt ihr zu unserer Abwehr?*"
Anne antwortet: „*Ich finde, alle vier Abwehr-Spielerinnen waren heute stark.*"
Kai stellt fest: „*Stimmt. Sie haben jeden Angriff vor dem Strafraum gestoppt.*"

4 b. und c.
Kai sagt: „Beim nächsten Spiel mache ich Fotos."
Timo überlegt laut: „Ich schreibe einen Text zu den Bildern."
Anne schlägt vor: „Dann gestalte ich ein Poster. Damit überraschen wir die Mannschaft."

Wörter nachschlagen

Seite 52

1 b. 1 *das Zebra*, 2 *der Pfau*, 3 *der Strauß*, 4 *die Giraffe*

2 b. und c.

Nomen	Wörterliste Seite	Wörterliste Spalte
das Zebra	*95*	*2*
der Pfau	*94*	*1*
der Strauß	*95*	*1*
die Giraffe	*93*	*1*

Seite 53

1 Er *fängt* das Lamm.
Er *wiegt* das Lamm.
Er *gibt* den Vögeln Futter.
Er *spielt* mit dem Affen.
Er *putzt* das Pferd.

2 a. *er fängt → fangen*
er wiegt → wiegen
er gibt → geben
er spielt → spielen
er putzt → putzen

3 a. *er flog - fliegen, er nahm - nehmen, er lockte - locken, er schnitt - scheiden*

Seite 54

1 Pia findet das Wort Café auf der Seite *92* in Spalte *1*.
Pia findet das Wort Computer auf der Seite *92* in Spalte *1*.

2

das Casting	Seite *92*	in Spalte *1*
das Konzert	Seite *93*	in Spalte *2*
die Kassette	Seite *93*	in Spalte *1*
der Container	Seite *92*	in Spalte *1*
die Kurve	Seite *93*	in Spalte *2*
der Campingplatz	Seite *92*	in Spalte *1*
die Kopie	Seite *93*	in Spalte *2*

3

Wörter mit C	Wörter mit K
das Casting	*das Konzert*
der Container	*die Kassette*
der Campingplatz	*die Kurve*
	die Kopie

Seite 55

4

shoppen:	Seite *94*	in Spalte *2*
die Shorts:	Seite *94*	in Spalte *2*

5

Wörter mit Sh/sh	Wörterliste Seite	Wörterliste Spalte
das Shampoo	*94*	*2*
das Shirt	*94*	*2*
der Shop	*94*	*2*
die Show	*94*	*2*

Wortfamilien

Seite 56

1 und **2**
der Einkaufskorb, der Einkaufswagen, die Einkaufstüte, der Verkaufsstand, der Kaufvertrag

3 die Verkäuferin, die Einkäufe, der Käufer

4 Wenn eine Frau etwas verkauft, ist sie eine *Verkäuferin*.
Wenn ein Mann etwas kauft, ist er ein *Käufer*.
Die Sachen in meinem Einkaufskorb sind meine *Einkäufe*.

Seite 57

1 *Thea ist peinlich, wenn sie sich verspricht.*

2 und **3**
die Klassensprecherin, sprechen, ich verspreche mich, der Nachrichtensprecher, der Versprecher, sich etwas vorsprechen

4 die Sprache, sprachlos, die Aussprache, die Fremdsprache

5 Englisch ist eine *Fremdsprache*.
Wenn ich nichts sagen kann, bin ich *sprachlos*.
Einen Vortrag kann ich am besten üben, wenn ich mir den Text *vorspreche*.

Wortfelder

Seite 58

1 b. und **2**
Zum Beispiel:
Ich *knete* Teig.
Ich *backe* Brötchen.
Ich *forme* Brezeln.
Ich *streiche* Schokolade auf den Kuchen.
Ich *schütte* Mehl in die Knetmaschine.

Seite 59

3 a. und b.
Zum Beispiel:
Ich putze die Autos.
Ich stapele die Reifen.
Ich poliere die Felgen.
Ich fege die Werkstatt.

4 a. und b.
Zum Beispiel:
Enrico schneidet das Fleisch.
Er wiegt das Fleisch.
Er würzt das Fleisch.
Er brät das Fleisch.

Nomen verwenden

Seite 60

1 *Benno probiert einen Liegestuhl aus.*

2 *Diese zusammengesetzten Nomen hast du sicher markiert:*
der Spielplatz, die Malstifte, der Schreibblock, der Liegestuhl, die Hörbücher

3 a. und b.
der Spielplatz – der Platz, auf dem ich spiele
die Malstifte – die Stifte, mit denen ich male
der Schreibblock – der Block, auf den ich schreibe
der Liegestuhl – der Stuhl, auf dem ich liege
die Hörbücher – die Bücher, die ich höre

4 Robert entdeckt preiswerte *Malstifte*.
Benno probiert *den Liegestuhl* aus.
Malte fragt nach, wie teuer *die Hörbücher* sind.

Seite 61

5 a. und b.
sitz~~en~~ + der Platz = *der Sitzplatz*
wasch~~en~~ + die Maschine = *die Waschmaschine*
lauf~~en~~ + die Schuhe = *die Laufschuhe*
schwimm~~en~~ + der Kurs = *der Schwimmkurs*

6 Der Platz, auf dem wir sitzen,
ist *der Sitzplatz*.
Die Maschine, mit der wir waschen,
ist *die Waschmaschine*.
Der Schuhe, mit denen wir laufen,
sind *die Laufschuhe*.
Der Kurs, in dem wir schwimmen,
ist *der Schwimmkurs*.

7 b. *Das Ratespiel ist ein Spiel zum Raten.*
Die Trinkbecher sind Becher zum Trinken.
Die Lesebücher sind Bücher zum Lesen.

Adjektive verwenden

Seite 62

1 *Die Kreuzung ist gefährlich, weil man die Fußgänger erst sehen kann, wenn sie auf der Straße sind.*

2 a. und b.
-ig
neugierig, verdächtig, eilig

-lich
gefährlich, täglich, endlich

3 -ig

die Neugier → *neugierig*
der Mut → *mutig*
das Fett → *fettig*
der Zorn → *zornig*

-lich

der Sport → *sportlich*
die Schrift → *schriftlich*
der Mensch → *menschlich*
der Feind → *feindlich*

Seite 63

4 -ig

die Ruhe → *ruhig*
die Sonne → *sonnig*
die Eile → *eilig*
der Riese → *riesig*

-lich

die Farbe → *farbig*
der Friede → *friedlich*
die Sache → *sachlich*
die Geschichte → *geschichtlich*

5 a. und b.

-ig

der Zufall → *zufällig*
die Macht → *mächtig*
die Vernunft → *vernünftig*
die Kraft → *kräftig*

-lich

die Natur → *natürlich*
die Gefahr → *gefährlich*
das Wort → *wörtlich*
das Jahr → *jährlich*

6 b. *Das ist eine vernünftige Entscheidung.*
Unsere neugierige Nachbarin beobachtet alles ganz genau.
Die schriftliche Aufgabe ist sehr schwer.
Der sonnige Tag im Park ist schön.
Die gefährliche Kreuzung führt zu vielen Unfällen.

Verben verwenden

Seite 64

1 a. und b.

wir machen: *wir haben gemacht*
sie sorgt: *sie hat gesorgt*
wir brauchen: *wir haben gebraucht*
er verteilt: *er hat verteilt*

2 „Wir *haben* Fußball *gespielt*.
Mira und Nadine *haben* Enten *gefüttert*.
Ich *habe* meinen Fahrradhelm *gesucht*.
Sergan *hat* mir beim Suchen *geholfen*.
Er *hat* meinen Fahrradhelm *gefunden*."

Seite 65

3 a. und b.

wir steigen: *wir sind gestiegen*
sie rennen: *sie sind gerannt*
sie springen: *sie sind gesprungen*
wir fahren: *wir sind gefahren*

4 *Zum Beispiel:*

Er ist um den See gelaufen.
Sie sind um den See gelaufen.
Sie hat in der Sonne geschlafen.
Sie haben in der Sonne geschlafen.
Er ist ins Wasser gefallen.
Sie sind ins Wasser gefallen.
Sie ist im See geschwommen.
Sie sind im See geschwommen.

Seite 66

1 *Die Schüler sangen ein Lied, weil Philips Geburtstag war.*

2 *Diese Verben hast du sicher markiert:*
fuhr, nahmen, schien, saßen, war, sangen, stiegen, aßen

3 und **4**

b. *ich fuhr – ich fahre*
wir nahmen – wir nehmen
sie schien – sie scheint
wir saßen – wir sitzen
es war – es ist
wir sangen – wir singen
wir stiegen – wir steigen
wir aßen – wir essen

Seite 67

5 *finden - ich finde - ich fand*
schreiben - wir schreiben - wir schrieben
kommen - wir kommen - wir kamen
rufen - wir rufen - wir riefen
helfen - es hilft - es half
trinken - ich trinke - ich trank

6 Wir *kamen* nachmittags wieder zu Hause an.
Ich *trank* zu Hause als Erstes ein Glas Wasser.
Das Wasser *half* gegen meinen Durst.
Ich *fand* den Ausflug sehr schön!
Viele Grüße
Ivo

Adverbien verwenden

Seite 68

1 *Die ersten Handys kommen aus den USA.*

2 a. *Diese Adverbien des Ortes hast du sicher markiert:*
drinnen, draußen, hier
b. *überall, drinnen, draußen, dort, hier*

3 *Zum Beispiel:*
Mein Handy kann ich *überall* nutzen.
Morgens stecke ich es *hier* in die Jackentasche.
Abends habe ich oft vergessen, dass ich es *dort* hineingesteckt habe.

Seite 69

1 a. und b.
Darüber habt ihr sicher gesprochen:
Die Reihenfolge erkennt man an diesen Wörtern: zuerst, danach, dann, schließlich.

2 a. *Diese Adverbien der Zeit hast du sicher markiert:*
dann, schließlich
b. *zuerst, danach, dann, schließlich*

3 *Zum Beispiel:*
Zuerst vergleiche ich im Internet die Preise.
Danach schaue ich in einem Schaufenster von einem Geschäft.
Dann gehe ich mit meinen Eltern in das Geschäft und frage nach einem Angebot.
Schließlich kaufe ich ein.

Satzglieder verwenden

Die Satzglieder sind so markiert:
Wer? (Subjekt): [ ]
Was tut? (Prädikat): ( )
Wen oder was?(Akkusativ-Objekt) /
Wem (Dativ-Objekt): [ ]

Seite 70

1 a., b. und c.
[Wer] verschläft?
[Lea] verschläft.

(Was tut) die Mutter?
Die Mutter (ruft).
Sie (bringt) Lea einen Rock.
Sie (holt) ein T-Shirt.

[Wer] packt die Schultasche?
[Lea] packt die Schultasche.

(Was tut) der Vater?
Der Vater (sucht) das Sportzeug.
Er (streicht) die Brote.

[Wer] fährt Lea zur Schule?
[Der Bruder] fährt Lea zur Schule.

Seite 71

1 b. *Zum Beispiel:*
Lilli sucht *den Hausmeister*, um nach einer Leiter zu fragen.
Daniel repariert *das alte Regal*.
Er bittet *Lea* um Hilfe.
Karim und Carlos wischen *die Fensterbänke* ab.
Ahmed bringt *das Altpapier* weg.
Thea fragt *die Lehrerin* nach neuen Büchern.

2 a. und b.
Zum Beispiel:
[Sie] (ordnen) [die Bücher].
[Sie] (gießen) [die Blumen].
[Sie] (putzen) [die Tafel].
[Sie] (fragen) [die Schulleiterin nach neuen Tischen].
[Sie] (holen) [bunte Kreide].
[Sie] (schreiben) [neue Namensschilder].

Seite 72

1 *Sie nehmen an einem Wettbewerb für Schulsanitäter teil.*

2 Wem klebt Maria ein Pflaster auf die Stirn?
Maria klebt einem Jungen ein Pflaster auf die Stirn.

Wem verbindet Sven den Arm?
Sven verbindet einem Mädchen den Arm.

Wem legt Cedrik ein Kühlkissen auf die Beule?
Cedrik legt einem kleinen Jungen ein Kühlkissen auf die Beule.

Wem schiebt Anna eine Decke unter die Knie?
Anna schiebt einer Frau eine Decke unter die Knie.

Wem gibt Diba eine Salbe auf die Wunde?
Diba gibt einem Mann eine Salbe auf die Wunde.

Seite 73

3 a. und b.
Der Ausbilder überreicht *den Jugendlichen* die Urkunde.
Die Schüler zeigen *den Eltern* die Auszeichnung.
Der Lehrerin gratuliert *allen*.
Die Schüler helfen *den Sanitätern* beim Aufräumen.
Sie wickeln *dem Verletzten* den Verband ab.
Jonah nimmt *dem kleinen Jungen* das Kühlkissen ab.
Der Lehrer spendiert *den erschöpften Jugendlichen* ein Eis.

4 a. und b.
Zum Beispiel:
Ich helfe meinem kleinen Bruder bei den Hausaufgaben.
Ich helfe meinem Nachbarn bei der Gartenarbeit.
Ich helfe meiner Oma in der Küche.
Ich helfe meiner Mutter beim Einkaufen.

Seite 74

1 b. und c.
Wo treffen wir uns?
Wir treffen uns am Marktplatz.

Wohin fahren wir?
Wir fahren zum Sportplatz.

Woher kommt Tim?
Tim kommt direkt aus der Schule.

2 *Zum Beispiel:*
Thea und Emine treffen sich *im Jugendzentrum*.
Kai und Uwe gehen *ins Kino*.
Halil kommt *vom Zahnarzt*.

Seite 75

1 b. und c.
Wann geht Tim zur Bushaltestelle?
Tim geht um 14 Uhr zur Bushaltestelle.

Wie lange wartet er auf dem Bus?
Er wartet eine halbe Stunde auf den Bus.

Seit wann spielen Leon und Sehad schon Fußball?
Leon und Sehad spielen schon seit 13 Uhr Fußball.

3 *Zum Beispiel:*
Thea möchte sich *heute Nachmittag* mit Klara treffen.
Burak braucht mit dem Bus von der Schule bis nach Hause *20 Minuten*.
Meine Oma liegt *schon lange* im Krankenhaus.

Sätze bilden – Sätze erkennen

Seite 76

1 *Zum Beispiel:*
Hallo Tessa!
Wir sind mit Ivo und Timo um 15 Uhr verabredet.
Wir treffen uns am Marktplatz.
Dann gehen wir gemeinsam in die Stadt zum Einkaufszentrum.
Danach wollen wir noch eine Pizza essen.
Deine Nadia

Seite 77

1 *Zum Beispiel:*
Tessa und Nadia haben heute eine Verabredung.

Sie gehen mit Ivo und Timo ins Einkaufszentrum.

Im Einkaufszentrum kaufen sie eine Tüte Popcorn.

Ivon und Nadia fahren mit der Rolltreppe in die Sportabteilung.

Tessa und Timo fahren mit dem Fahrstuhl rauf und runter.

Seite 78

1 b. *Du hast die Satzenden sicher so markiert:*
Tessa ist seit einigen Wochen in Timo verliebt / sie möchte gern viel Zeit mit ihm verbringen / Timo mag Tessa auch gern / leider sind sie bei den Verabredungen nicht allein / oft wollen ihre Freundinnen und Freunde etwas mit ihnen unternehmen / dann gehen alle zusammen zum Beispiel ins Kino / Tessa und Timo sitzen dann nebeneinander / manchmal gehen die Jugendlichen in die Eisdiele / Tessa und Timo haben sich beim Eisessen viel zu erzählen.

2 *Tessa ist seit einigen Wochen in Timo verliebt.*
Sie möchte gern viel Zeit mit ihm verbringen.
Timo mag Tessa auch gern.
Leider sind sie bei den Verabredungen nicht allein.
Oft wollen ihre Freundinnen und Freunde etwas mit ihnen unternehmen.
Dann gehen alle zusammen zum Beispiel ins Kino.
Tessa und Timo sitzen dann nebeneinander.
Manchmal gehen die Jugendlichen in die Eisdiele.
Tessa und Timo haben sich beim Eisessen viel zu erzählen.

Seite 79

1 c. *Zum Beispiel:*
Tessa vertraut Nadia an: „Ich würde Timo gern einmal allein treffen. Meinst du, dass ich Timo einfach mal ansprechen kann?
Ich bin so unsicher. Vielleicht sagt er Nein."
Nadia wundert sich: „Hast du etwa Angst?
Probiere es doch einfach."
Mit klopfendem Herzen spricht Tessa Timo nach der Schule an:
„Timo, hast du Lust, mit mir ins Kino zu gehen?"
Timo erkundigt sich: „Nur wir beide?"
Tessa antwortet unsicher: „Ja, das dachte ich."
Timo freut sich: „Das ist ja eine super Idee!
Wann hast du denn Zeit?"

Das kann ich!

Seite 80

2 a. *Die Wissenschaftler fragten Jugendliche, wie wichtig ihnen die verschiedenen elektronischen Medien sind.*

b. *Beim Chillen verwenden sie das Internet, den Fernseher und den MP3-Player.*

c. *Mit der Familie nutzen sie am liebsten das Fernsehen.*

Seite 81

2 *Andy mischt die Farben.*
Er bereitet den Untergrund vor.
Er lackiert die Türen.
Andy tapeziert die Wände.
Er baut das Gerüst auf.
Er streicht die Außenfassade.

Seite 82

1 *Die Wortgruppen hast du sicher so nummeriert:*
4 das Vogelhaus mit Futter befüllen
3 das Vogelhaus in einen Baum hängen
2 die Bauteile zusammenbauen
1 die Bauteile anordnen

2 *Zuerst ordnet man die Bauteile für das Vogelhaus.*
Danach baut man die Bauteile zusammen.
Dann hängt man das Vogelhaus in einen Baum.
Zum Schluss befüllt man das Vogelhaus mit Futter.

Seite 83

1 a., b. und c.
Vorschlag:
den Einladungstext auf die Internetseite der Schule stellen

Gründe dafür:
spart Zeit, die Internetseite soll für aktuelle Informationen genutzt werden

Gründe dagegen:
nicht jeder Schüler schaut regelmäßig auf die Internetseite, eine Einladung auf Papier ist persönlicher

2 *Zum Beispiel:*
Jch finde den Vorschlag gut, weil auf der Jnternetseite viel mehr Leute erreicht werden können.
Jch bin dagegen, weil nicht jeder einen Jnternetzugang hat.

Seite 84

1 *Die Schülerinnen und Schüler der Martinschule führen beim Schulfest eine Musikshow auf.*

2 b. und c.
Wann wird die Musikshow aufgeführt?: *um 14 Uhr*
Wo führen die Schülerinnen und Schüler die Musikshow auf?: *in der Aula*
Wer macht alles mit?: *die Schülerband, die Rapper, die Hip-Hop-Tänzer, viele Helfer*

3 *Zum Beispiel:*
Jch würde am liebsten bei den Tänzern mitmachen, weil ich gern tanze.

4 *Zum Beispiel:*
Eine Schülerin vergisst ihren Text. Ein Tänzer stolpert über ein Kabel. Das Licht ist zu hell und blendet die Tänzer.

Seite 85

1 *ich spreche - ich sprach - ich habe gesprochen*
ich werfe - ich warf - ich habe geworfen
ich helfe - ich half - ich habe geholfen

2 **Verben im Präsens**
Ich *spreche* mit meinen Freunden.
Beim Handball *werfe* ich das erste Tor.
Ich *helfe* bei der Vorbereitung der Party.

Verben im Präteritum
Ich *half* einem neuen Mitschüler.
Als Klassensprecher *sprach* ich mit dem Lehrer.
Beim Handball *warf* ich zwei Tore.

Verben im Perfekt
Am Abend *habe* ich die Flaschen in den Container *geworfen*.
Ich *habe* beim Aufbau vom Sportfest *geholfen*.
Mit einigen Schülern der Partnerschule *habe* ich *gesprochen*.

Seite 86

1 a. *Diese Nomen hast du sicher markiert:*
die Entfernung, die Absperrung,
die Gesundheit, die Faulheit

b. und c.
die Veranstaltung, die Entfernung,
die Absperrung, die Sicherheit,
die Gesundheit, die Faulheit

2 a. und b.
gemein – *die Gemeinheit*
frei – *die Freiheit*
klug – *die Klugheit*
frech – *die Frechheit*

3 a. und b.
bewerb~~en~~ – *die Bewerbung*
erfind~~en~~ – *die Erfindung*
beschreib~~en~~ – *die Beschreibung*
führ~~en~~ – *die Führung*

Seite 87

1 *Diese Nomen hast du sicher markiert:*
Köder, Angelrute, Rolle und Schnur

2 a. und b.
Nico kontrolliert den Köder, die Angelrute, die Rolle und die Schnur.

3 *Diese Wortgruppen hast du sicher markiert:*
prächtige Karpfen, dicke Barsche, große Hechte und lange Aale

4 a. und b.
Jm See gibt es die prächtigen Karpfen, die dicken Barsche, die großen Hechte und die langen Aale.

Seite 88

1 *Sascha fährt mit seinem Vater zur Tankstelle.*

2 *Diese Nomen hast du sicher markiert und aufgeschrieben:*
die Tankstelle, die Zapfsäule, die Waschanlage, der Parkplatz, das Lenkrad, das Warndreieck, die Prüfplakette

3 Auf dem Nummernschild am Auto klebt die *Prüfplakette*.
Wenn wir tanken wollen, fahren wir zu einer *Tankstelle*.
Diesel, Benzin und Super zapfen wir an der *Zapfsäule*.
Wir lenken das Auto mit dem *Lenkrad*.
Wir waschen das Auto in der *Waschanlage*.
Wir parken das Auto auf einem *Parkplatz*.

Seite 89

1 *Diese Verben hast du sicher markiert:*
taten, gruben um, zogen, wuchsen, strichen, halfen, gaben, gelang

2 a. und b. und **3** b.
sie taten – sie tun
sie gruben um – sie graben um
sie zogen – sie ziehen
sie wuchsen – sie wachsen
sie strichen – sie streichen
sie halfen – sie helfen
sie gaben – sie geben
es gelang – es gelingt

4 b. *Diese Verben hast du sicher in der gleichen Farbe markiert und als Wörterreihen aufgeschrieben:*
frieren – ich friere – ich fror
gehen – ich gehe – ich ging

Seite 90

Die Satzglieder sind so markiert:
Wer? (Subjekt): [ ]
Was tut? (Prädikat): ( )

1 und **2**

[Eine ältere Tierpflegerin] (füttert) die Tiere.

[Eine Praktikantin] (hilft) beim Füttern der Tiere.

[Eine jüngere Tierpflegerin] (pflegt) die Tiere.

[Ein Tierpfleger] (säubert) die Räume der Tiere.

[Ein Helfer] (spielt) mit den Tieren.

[Eine Helferin] (geht) nachmittags mit den Hunden auf eine Wiese.

[Die Tierärztin] (untersucht) die Tiere.

[Die Tierheimleiterin] (sucht) ein neues Zuhause für die Tiere.

Seite 91

1 b. *Du hast die Satzenden sicher so markiert:*
Xenia ist vor einer Woche mit ihrer Familie in die Stadt gezogen / heute ist ihr erster Schultag in der neuen Schule / sie betritt aufgeregt den Raum der Klasse 7a / Xenia spürt die Blicke ihrer neuen Mitschüler / dann nickt sie allen freundlich zu und stellt sich vor.

2 *Xenia ist vor einer Woche mit ihrer Familie in die Stadt gezogen.*
Heute ist ihr erster Schultag in der neuen Schule.
Sie betritt aufgeregt den Raum der Klasse 7a.
Xenia spürt die Blicke ihrer neuen Mitschüler.
Dann nickt sie allen freundlich zu und stellt sich vor.

3 c. *Zum Beispiel:*
Die Mutter fragt am Abend: „Wie war denn heute dein erster Schultag?"
Xenia antwortet: „Zuerst war ich nervös, aber die Klasse gefällt mir."
Der Vater sagt: „Na, dann war das doch ein guter Start!"